责任与忠诚
（升级版）
Responsibility and loyalty

责任是对所负使命的忠诚和信守
责任就是对自己工作出色的完成

责任与忠诚（升级版）

Responsibility and loyalty

慕小刚◎著

忠诚是你成功的基石

企业管理出版社
ENTERPRISE MANAGEMENT PUBLISHING HOUSE

图书在版编目（CIP）数据

责任与忠诚：升级版 / 慕小刚著 . -- 北京：企业管理出版社，2017.6

ISBN 978-7-5164-1515-3

Ⅰ．①责… Ⅱ．①慕… Ⅲ．①企业 – 职工 – 职业道德 Ⅳ．① F272.92

中国版本图书馆 CIP 数据核字 (2017) 第 115203 号

书　　名：责任与忠诚：升级版

作　　者：慕小刚

责任编辑：张平　田天

书　　号：ISBN 978-7-5164-1515-3

出版发行：企业管理出版社

地　　址：北京市海淀区紫竹院南路 17 号　　邮编：100048

网　　址：http://www.emph.cn

电　　话：总编室（010）68701719　发行部（010）68701816　编辑部（010）68701638

电子邮箱：qyglcbs@emph.cn

印　　刷：天津冠豪恒胜业印刷有限公司

经　　销：新华书店

规　　格：170 毫米 ×240 毫米　16 开本　16 印张　220 千字

版　　次：2017 年 6 月第 1 版　2019 年 8 月第 3 次印刷

定　　价：42.80 元

前言
FOREWORD

阿伯拉罕·哈伯德说：“所有成功者的标志都是他们对自己所说的和所做的一切全部负责。”责任是对人生义务的勇敢担当，责任也是对生活的积极接受，责任还是对自己所承载使命的忠诚与信守。无论我们做什么样的工作，担任何种职务，都担负着对他人、对工作的应尽责任，这是一种社会生存法则。

忠诚是个人品质中最值得夸赞的品质之一，也是现代企业精神非常重视的一个方面，没有哪个领导不希望自己的员工对自己忠诚、对企业忠诚。因为忠诚对于一个企业来说，不但可以带来丰厚的收益，而且有时可以将损失降到最低。

现在有一个困扰着许多年轻人的问题——他们需要对谁负责？如何忠于梦想？显然，如果不想清楚这两个问题，一个人就无法找到心灵的归宿，也无法笃定踏实地做事。

有的年轻人认为，自己需要对工作、对公司负责，那样才能拿到更高的工资，获得更大的信任。这种观点有些道理，但仅仅如此只能够维持自保状态，根本无法实现自身的人生目标，因为这种责任与忠诚是很难维持持久状态的。

那么什么才是最终答案呢？很简单：他们应该对自己负责，忠于自己的理想和目标。只有对自己负责，才能引发出绝对持久的责任与忠诚，才能让责任与忠诚达到最佳的效果。

如果一个人不知道自己的船该驶向哪个码头，那么任何风向都不会是顺风的。相同的道理，如果一个人不知道自己应该对谁负责，为谁工作，那么他永远都不会找到好工作，永远都会被老板忽略。

今天，几乎每一个优秀企业都非常强调责任、忠诚的力量。在众多组织文化中，“责任”和“忠诚”是最基本的职业精神和商业精神，可以帮助一个人充分展示个人才华，在团队中脱颖而出。

实际上，任何一家企业都不缺少有能力的人，而是缺少既有能力又富有责任感，能够在团队中甘于奉献、忠于职守的人才。激发员工勇于负责的精神，在岗位上自动自发地做好本职工作，是每个企业负责人的重要职责，也是全球500强企业奉为圭臬的理念和价值观。

大量的成功学案例都在证实着这么一个事实：责任能够使一个人真正地明白一生和工作的价值所在；而具有责任感和忠诚品质的员工，才会在工作中发挥出最大的作用，才能让自己的人生价值完全体现出来，获得更光明的未来。

安得鲁·卡内基说：“像猎豹一样找准时机，主动承担富有挑战性的工作，你就可以使自己的能力得以充分的发挥和展示，你的能力也一定可以得到上司的认可。”如果我们还未找到真正的好工作或还未受到公司的器重，就应该扪心自问：“责任与忠诚，你都做到了吗？”只有我们真正做到了责任与忠诚，才能成为老板眼中的好员工，才能成为企业真正离不开的优秀员工，才能在工作中找到自己真正的位置，才能真正地实现自己的人生价值。

作者
2017年2月

C 目录 ONTENTS

第一章　责任：对使命的忠诚和信守　1

1　勇于承担责任　2

2　工作不是我们为谋生才去做的事，而是用生命去做的事　6

3　甘于付出就会有收获　9

4　在工作中注入“激情”　13

5　独立完成自己的工作　18

6　全心全意，尽职尽责　21

7　勤奋耕耘、默默奉献是优秀员工最值得拥有的品质　25

第二章　承担责任，本身就是一种能力　29

1　我要做好这份工作　30

2　积极进取，工作中的问题才能迎刃而解　33

3　勇于挑战是获得成功的基础　37

4　积极行动起来为公司营利　42

5　用最重要的时间做最重要的事　45

6　主动去做别人不愿意做的“苦差事”　48

7 不动声色地消除老板的小错误 50
8 做老板不可或缺的人 54
9 让敬业成为一种习惯 57

第三章 让尽职尽责成为工作习惯 61
1 工作就意味着责任 62
2 全力以赴地做好本职工作是合格员工的第一步 66
3 工作时间，做到专时专用 70
4 及时把握老板的意图，解决老板的困扰 74
5 想人所不能想到的，做人所不能做到的 78
6 全才不如专才 82
7 拥有“再拼一下”的心态 85
8 用专业精神赢得未来 89
9 变“要我做”为“我要做” 92

第四章 不找借口，做勇于负责的员工 97
1 不要将情绪带入工作，行动比抱怨更有意义 98
2 面对困难要勇往直前，敢于接受挑战 101
3 不要总想着报酬、待遇 105
4 不为放弃找理由，不为责任找借口 108
5 工作中无小事 112
6 将工作当成自己的事业，为公司发展贡献自己的才智 114
7 将热情注入工作，释放自己的潜能 117

第五章 负责任的精神是忠诚的表现 121
1 责任与忠诚——择业的奠基石 122

2 工作精神直接映射忠诚度 126

3 关键时刻要敢于挺身而出 129

4 关注自身形象，不给公司造成不良影响 132

5 欣赏和赞美自己的上司 135

6 像老板一样思考，培养主人翁意识 138

7 为老板分忧解难 141

8 给老板以同情和理解 144

9 登上老板的“梯子” 148

第六章 工作态度决定你在公司的一切 153

1 让态度指引行动，不为工作而工作 154

2 不要看不起自己的工作 158

3 提高工作主动性，不做“按钮员工” 161

4 早来迟走印象好 165

5 细致工作，发现疏漏及时汇报 168

6 今日事要今日毕，克服工作中的拖延习惯 170

7 爱企如家，不贪公司小便宜 174

8 凡事要做到尽善尽美 177

9 自己做一次老板 181

第七章 忠于团队，让自己变得更优秀 185

1 以诚实守信为做人准则 186

2 抹除工作中分内、分外界限，为公司卖力不吃亏 190

3 随时维护公司利益是员工的义务 194

4 为了公司发展，真诚地与同事协作 197

5 搞好内部关系，让和谐的氛围成为公司成功的保障 201

6　与老板同舟共济　204
7　频繁跳槽——不忠诚者无法掩饰的特征　207
8　我为公司，公司为我　211
9　时刻与公司的价值观保持一致　214

第八章　责任与忠诚成就卓越人生　217
1　认同就职公司　218
2　提高知识技能水平，不做“近视员工”　222
3　轻视公司就是轻视你自己　226
4　以老板的心态对待公司，把公司当成自己的家　228
5　追随老板的目标　231
6　怀着一颗感恩的心去工作　234
7　让自己成为不可替代的人　238
8　做工作的主人　241

第一章

责任：对使命的忠诚和信守

1
勇于承担责任

一位伟人说过："人生所有的履历都必须排在勇于负责的精神之后。"勇于负责的精神是改变一切的力量，它可以改变你平庸的生活状态，使你变得杰出和优秀；它可以帮你赢得别人的信任和尊重，从而强化你的人际关系；更重要的是，它可以使你成为好机会的座上宾，频频获得它的眷顾，并扭转向下的职业轨迹。如果你已经足够聪明和勤奋，但依然成绩平庸，那么就请检视自己是否具有勇于负责的精神。只要拥有了它，你就可以获得强大的力量。

在这个商业化的社会里，老板越来越欣赏那些敢于承担责任的员工。因为只有这样的人才能给人以信赖感，才值得去交往。也只有这样的人，才具备开拓精神，才能为公司带来效益。所以，在做事的过程中，我们应该要求自己具备这种勇于负责的精神。

要想赢得机会，就得勇于负责。一个普通的员工，一旦具备了勇于负责的精神之后，他的能力就能够得到充分的发挥，他的潜力便能够不断地得到挖掘，从而为公司创造出更大的效益。同时，也让他本人的事业不断向前发展。

安妮是一家大公司办公室的打字员。有一天中午，同事们都出去吃饭了，唯有她一个人还留在办公室里收拾东西。这时，一个董事走进来，想找一些信件。

尽管这并不是安妮分内的工作，但是，她依然回答："尽管这些信件我一无所知，但是，我会尽快帮您找到它们，并将它们放在您的办公室里。"当她将那位董事所需要的东西放在他的办公桌上时，董事显得格外高兴。

四个星期后，在一次公司的管理会议上，有一个更高职位的空缺。总裁征求这位董事的意见，董事想起了那位勇于负责的女孩——安妮。于是，他推荐了她，安妮的职位一下子升了两级。

美国塞文事务机器公司董事长保罗·查莱普说："我警告我们公司里的人，如果有谁做错了事，而不敢承担责任，我就开除他。因为这样做的人显然对我们公司没有足够的兴趣，也说明了他这个人缺乏责任心，根本不够资格成为我们公司里的一员。"

勇于负责是一种积极进取的精神。当一个人想要实现自己内心的梦想，下定决心改变自己的生活境况和人生境遇时，首先要改变的是自己的思想和认识。要学会从责任的角度入手，对自己所从事的事业保持清醒的认识，努力培养自己勇于负责的精神，这才是成功的最佳方法。

勇于负责就要踏踏实实地把事做好。勇于负责的精神说到底就是一种踏踏实实把事情做好、做到底的态度。

在一家电脑销售公司里，老板吩咐三个员工去做同一件事：到供货商那里去调查一下电脑的数量、价格和品质。

第一个员工5分钟后就回来了，他并没有亲自去调查，而是向下属打听了一下供货商的情况，就回来做汇报。30分钟后，第二个员工回来汇报，他亲自到供货商那里了解了一下电脑的数量、价格和品质。第三个员工90分钟后才回来汇报。原来，他不但亲自到供货商那里了解了电脑的数量、价格和品质，而且根据公司的采购需求，将供货商那里最有价值的商品做了详细记录，并和供货商的销售经理取得了联系。另外，在返回途中，他还去了另外两家供货商那里了解一些相关信息，并将三家供货商的情况做了详细的比较，制定出了最佳购买方案。

结果，第二天公司开会第三个员工，因为勇于负责，恪尽职守，在会议上受到老板的大力赞扬，并当场给予了奖励。

无论做什么工作，都应该静下心来，脚踏实地地去做。要知道，你把时间花在哪里，你就会在哪里看到成绩。只要你是勇于负责、认认真真地在做，你的成绩就会被大家看在眼里，你的行为就会受到老板的赞赏和鼓励。

千里之行，始于足下。任何伟大的工程都始于一砖一瓦的堆积，任何耀眼的成功也都是从一步一步中开始的。聚沙成塔，集腋成裘。不管我们现在所做的工作多么微不足道，我们也必须以高度负责的精神做好它。不但要达到标准，而且要超出标准，超出老板和同事对我们的期望。成功也就是在这一点一滴的积累中获得的。

那些在职场上表现平庸的人都不愿受约束，不严格要求自己，也不认真负责地履行自己的职责，如果没有外在监督，根本就不好好工作。任何工作到了他们的手里都得不到认真对待，最终他们得到的就是年华空耗，事业无成。以这种态度对待工作还谈什么谋求自我发展，提升自己的人生境界，改变自己的人生境遇，实现自己的人生梦想呢？

只要你还是公司的一员，就应该抛弃借口，丢掉脑中消极懒散的思想，全身心投入到自己的工作之中，以勇于负责的精神去对自己的工作，时时处处为公司着想。只有这样，才能成长为一个真正具备勇于负责精神的员工，才会被老板或公司视为支柱，才会获得全面的信任，并获得重要职位，拥有更广阔的工作舞台。

无论是荣誉还是财富，生活总是会给每个人回报的，条件是你必须转变自己的思想和认识，努力培养自己勇于负责的工作精神。一个人只有具备了勇于负责的精神，才会产生改变一切的力量。

勇于负责才能赢得尊严。一个人要想赢得别人的敬重，让自己活得有尊严，就应该勇敢地承担起责任。一个人即使没有良好的出身、优越的地位，只要他能够勤奋地工作，认真、负责地处理日常工作中的事务，就会赢得别人的敬重和支持。

泰勒是一家大型汽车制造公司的车间经理，手下管着一百多位安装技工。有一次，他带着几名员工安装一辆高级小轿车。安装完毕，恰逢总裁和他的几个朋友到车间巡视，其中有一位发现了这辆小轿车安装上的失误，因为总裁在场，泰勒怕自己挨训，当时把责任推给了他的下属。总裁一看他这种做法，勃然大怒，当着全车间的人把他训斥了一顿。

我们中许多人就像泰勒一样，遇事推卸责任，缺乏勇于负责的精神。他们常常以消极搪塞、不负责任的态度对待自己的工作和生活，结果，无可避免地成为工作和生活的失败者。

改变态度，努力培养自己勇于负责的精神，你将会产生无穷的力量，积极地为自己的梦想和事业努力奋斗。

2

工作不是我们为谋生才去做的事，而是用生命去做的事

我们常常认为只要准时上班，按点下班，不迟到，不早退就算完成工作了，就可以心安理得地去领取工资了。但大多数时间我们都是茫然的，领回自己的薪水，高兴一番或抱怨一番后，仍然茫然地去上班下班……我们从来不思索关于为什么工作的问题，我们只是被动地应付工作，为了工作而工作，为了工资而工作，只是机械地完成任务，而不是自动自发地工作。

阿尔伯特·哈伯德这样描述自动自发："自动自发就是没有人要求、强迫你，自觉而且出色地做好自己的事情。"

其实，工作需要智慧、热情、信仰、想象和创造力。卓有成效和积极主动的人，总是在工作中付出双倍甚至更多的智慧、热情、信仰和创造力，并且能够在心灵深处将工作看做是深化、拓展自身阅历的一种途径，能够从工作本身中寻找到许多乐趣。因为工作给我们带来的是远远超出了工作本身的内涵，这就是说，工作已经不仅仅是工作，它成了我们的一种生活方式和生存方式，是我们对生活的一种选择，它成为生活的一部分，为我们构筑起有意义的人生。

反之，如果我们只是为了薪水而去上班，那么我们得到的只能是困乏，你会觉得公司是一个无聊、乏味的地方，工作没有任何乐趣。其实工作的乐趣是靠我们一点一滴去体会的，当我们怀着热情去工作，每当完成一件工作时，就会觉得工作充满乐趣，生活也会越来越充实，越来越充满活力。

当年，伟大的高尔夫球明星保罗干的第一份工作是赶牛犁田。他跟在耕牛后面，用扫帚把儿赶牛。赶一天牛挣1美元，每天连续工作8个小时，连停下来吃饭的时间都没有，但保罗从没有抱怨。

赶牛犁地称得上是世界上最单调最乏味的工作，但这份工作影响了保罗的一生，使他懂得了很多道理。

由于农场主老是盯着他，他每天都得准时上班。在这份工作之后，无论保罗干什么工作都没有迟到过。此外，他还学会对雇主尊敬，忠心耿耿地干活。不想干活就说自己病了，保罗的脑子里从来没有这样的念头。

那时，保罗才6岁，可是他已经干大人的活了。家里需要他挣到的每一分钱，因为他父亲每周最多只能挣18美元。他们住在一座简陋的小木屋里，有三间房子，地面是土铺的，屋子里没有厕所。

能挣钱帮助父母养活两个弟弟和三个妹妹，保罗感到非常的自豪，这也使保罗有了自尊心。而对一个人来说，自尊心是最重要的东西之一。

保罗7岁的时候，在离家不远的一个高尔夫球场找了一份工作。他的工作是站在高尔夫球场平坦的球道上，看球具体落在什么地方，这样球手就能很快地找到球了。有一个球找不到就意味着要被解雇，但保罗从来没有给他的雇主这样的机会。

有时保罗躺在床上，梦想着打高尔夫球能赚好多好多钱，然后就可以用这些钱给自己买上一辆新自行车了。

越是这么想，他就越觉得自己应该去打高尔夫球。于是，他用番石榴树枝和一根管子做了自己的第一根高尔夫球棒，然后把一个空罐头盒敲打成一个高尔夫球，最后在地上挖了两个小洞。他一有空闲就把球打过来又打过去，像在地里干活那样专心致志。

就是凭着用番石榴树枝做的高尔夫球棒，保罗打出了自己的世界级高尔夫明星的荣誉。

可见，如果我们积极主动地对待工作，工作就不再是一种负担，不再是挣钱的手段，即使是最平凡的工作也会变得意义非凡。所以说，工作时，我们应该想到，你是在为自己而工作。当然，薪水的数目，对我们来说当然希望多多益善，但应该记住，这是一个很小的问题，除工资外，别忘了心灵的满足。

3
甘于付出就会有收获

付出才会有回报，你付出了多少，就会收获多少，这是每个人都明白的道理。可是工作中的你真的明白这个道理吗？作为员工，获取更高的薪酬，拥有更高的地位是每个人追求的目标。有很多人对自己的期望很高，认为自己在工作中应该得到重用，应该得到丰厚的报酬，应该受到老板的重视，应该是公司最为关注的对象。而一旦自己所设想的和自己所得到的有差距的时候，他们就会产生这样或者那样的抱怨和不满，就认为自己受到了委屈，才华被埋没了。但他们却没有重视这样的问题：在工作中，一个没有真心付出的员工，一个不会辛勤工作的员工，一个只知道索取而没有给予的员工，工作是不会给他回报的，他是永远都不会作出成绩的。

“成功属于那些不计回报为工作真诚奉献的人。”这是香港商界的风云人物曾宪梓的一句话。是的，无论哪个行业的佼佼者，无一例外都是甘于奉献的人。他们之所以能够取得突出的成就，不仅是专业知识过硬，同时更是因为他们为工作奉献得更多、更彻底。不只是这样，他们一旦确定了目标，就会毫不犹豫地下定决心，无论多么困难都会坚持下去，用自己辛勤的汗水浇灌出美丽的花朵。

“一分耕耘，一分收获。”任何事情，只有付出才会有收获。工作也是一样，你只有付出一分努力，才可以获得一分回报；你只有真诚奉献，才会得到理想中的结果；你只有在工作中做到了辛勤付出、无私奉献，才是一个合格的好员工，才是一个能在自己的岗位上做好自己那份工作的人。

某公司的企划部有两位主管，一位叫高峰，一位叫夏雨。因为公司发展的需要，企划部经常要做一些大型的活动。而每次任务下来之后，高峰总是说自己的工作太忙了，没有更多的精力，不是“上个任务还没完成呢”就是“我还有其他的事”。每次都是夏雨一个人加班来完成任务，他甚至为此牺牲了很多休息时间。但他并没有抱怨，而是认真工作出色地完成了每一个任务。

有一次，老板突然来办公室视察。那时恰好有一个任务下来，高峰正在找理由：“我最近身体不好，恐怕胜任不了，还是让别人做吧。”

事后，老板找到高峰，对他说：“身体不好，不能做好自己的工作就回家休息吧，我们公司需要能够胜任工作的员工，而不是不肯付出的人。”就这样，高峰失去了工作，而夏雨不久后成为了企划部的经理。

古往今来无数仁人志士对付出有着高度的评价：“做人要像蜡烛一样，在有限的一生中有一分热，发一分光，给人以光明，给人以温暖。”这是付出的一种信念；“春蚕到死丝方尽，蜡炬成灰泪始干。”这是付出的最高境界；一个员工只有懂得了这些，体会了其中的道理，能够用这些道理来指导自己对工作的态度，才会在工作中获得成功的回报。没有付出的人，可能会有一时的轻松，但最终会被淘汰。只有那些任何时候都会尽力工作的人，即使老板不在也不惜付出的人，才会得到更多的奖赏。俗话说“种瓜得瓜，种豆得豆。”你在工作中投入了什么，你为工作奉献了什么，工作就会给你结出什么样的果子。

“要找出来我值多少，那是别人的事情。主要的是要能够献出自己。”这是屠格涅夫的一句名言，也是工作对我们提出的要求。作为员工，只要真心地奉献自己，就会体现自己的真正价值。任何一个公司都希望自己的员工能够尽最大的努力工作，把最好的成果奉献给公司，创造更高的效益。奉献，这不仅是公司的要求，也是每个员工应该具备的工作精神。奉献才可以让我们得到老板的欣赏和器重，让我们的工作实现从平庸到成功的飞跃。

有个小伙子对他的朋友发牢骚："我们公司的老板整天就想着怎么让员工对他忠诚，对工作努力，却不见给谁涨工资，简直是一个资本家。"

"他简直就是个吝啬鬼，一分钱都舍不得给我们花，活生生的现代版周扒皮，我真恨不得搞破坏，让他赔钱，反正他的钱也都是我们挣的，让他变成穷光蛋。"

他的朋友就问他："你的老板为什么不给你涨工资，这个问题你想过吗？"

"他天生就是坏蛋，只知道剥削员工。"小伙子说。

朋友又问他："凭良心说，你为你的工作到底奉献了多少，你有没有作出让老板满意的成绩来，你有没有真心付出，你有没有经常加班完成更多的工作呢？"

"这个嘛，我一直是下班就回家，上班凑合着不出错就行了，哪里想过那么多。"小伙子支支吾吾地说。

"那我看你还是仔细考虑考虑自己该怎么对待工作吧，一个没有付出就要回报的人，如果你是老板你会喜欢这样的员工吗？"朋友问小伙子。

小伙子回答说："当然不会喜欢了。"

"那就对了，没有一个老板喜欢不会奉献只知索取的员工，也不会有哪个老板会给背后骂自己的员工涨工资的。如果你真的想得到你希望的结果，我建议你还是从自己的身上找找原因，真正做到为公司奉献自己，只有这样，你才有出路。"

过了两个月，小伙子又到朋友那里，对朋友说："我现在已经是经理助理了，自从上次听了你的话之后，我就努力工作，每天都尽量完成更多的工作，只要条件允许，我就加班多做一些。”小伙子眉飞色舞地说着，“后来老板经常表扬我，还给我升了职，工资也涨了一倍，我现在简直是太幸福了。”

“因为你懂得了奉献，所以你才获得了机会和回报。”朋友笑着说，“你现在还想骂老板吗？还觉得自己委屈吗？还认为你的劳动没有被承认吗？是不是还因为自己的付出没有换来应有的成功而痛苦？”

“当然不了，我现在才懂得工作的含义：没有奉献就不会有收获。只有在我懂得了要为工作奉献自己以后，我才会开始成功。”小伙子说。

只有懂得奉献的人才懂得怎样成功。你为工作奉献了自己的全部努力，老板自然会看在眼里，记在心上。当你还在因为工作没有成就而烦恼，因为不能涨工资而迷惑的时候，你有没有想过自己是否真正奉献了呢？你有没有考虑过为了工作而自我牺牲、甘心奉献呢？在我们的工作中，没有无缘无故的失败，更没有无缘无故的成功，只有有奉献精神的员工才会享受工作的丰收，只有有决心和有毅力工作的人，才能品味到成功的美好。

如果你还是一个没有得到成功的员工，就更应该仔细思考自己的工作态度了。看看自己是否做好了为工作全心付出的准备，自己是否可以为工作无私地奉献自己全部的努力。天上永远也不会掉下馅饼来，只有奉献出无私的真诚和汗水，才能亲手为自己制作出美味的成功“馅饼”。

4
在工作中注入“激情”

有两副犁，由同一家工厂铸造，它们甚至是由同一个工匠用同一块铁铸成的。其中一副犁特别积极，到了农民手里，马上就焕发出生命的活力——怀着激情辛勤地耕作起来；而另一副犁十分懒惰，被一直搁在家里，迟迟未能出去劳动。

一个偶然的机会，两副犁碰在了一起，不禁欷歔不已。那张在农民手里经常劳作的犁，发出银子般的光芒，甚至比刚拿出工厂时还要光亮，而那副被闲置在家里一直无所作为的犁，却布满了铁锈，显得黯淡无光。

“兄弟，你为什么会变得那样光亮，我却如此黯淡无光呢？”那副生满铁锈的犁情绪低落地问它的朋友。

“这是因为我一直怀着激情在劳动，我一直在不停地工作啊！”那副光亮的犁骄傲地回答说，“我的朋友，你生锈了，变得不如以前亮了，原因是你整天待在家里，无所事事。”

相同材料做的两副犁却有不同的结局。可见，如果不怀着激情去工作，人生只会贬值，就会像故事中的犁一样生锈、坏掉。

由此可见，精神状态会影响到我们的工作。没有人愿意跟一个整天提不起精神的人打交道，没有哪一个老板愿意雇用和提拔一个精神萎靡不振的员工。

微软的招聘官员曾对记者说："从人力资源的角度讲，我们愿意招的'微软人'首先是一个非常有激情的人：对公司有激情，对技术有激情，对工作有激情。可能在一个具体的工作岗位上你觉得奇怪，怎么会招这么一个人，他在这个行业涉猎不深，但是他有激情，和他交谈完以后，你会受到感染，愿意给他一个机会。"

可以说保持激情四射的工作状态是责任心和上进心的外在表现，这也是每一个老板所期待的。

我们刚刚进入公司时，自觉工作经验缺乏，为了弥补不足，常常早来晚走，斗志昂扬，就算是忙得没时间吃饭，依然很开心，因为工作有挑战性，感受也是全新的。

这种工作时激情四射的状态，几乎每个人开始工作时都经历过。可是，这份激情并不能保持长久，因为它仅仅来自于对工作的新鲜感。伴随着工作中不可预见的问题的出现，工作已驾轻就熟，激情也往往随之湮灭。一切开始趋于平淡，你不知道自己的方向在哪里，也不清楚究竟怎样才能找回曾经让自己心跳的激情，而在老板的眼里你也降了一个台阶。

所以就算工作不尽如人意，也不要愁眉不展、无所事事。我们应学会控制自己的情绪，让一切变得积极起来。

查理·琼斯提醒我们："如果你对自己的处境无法感到高兴的话，那么可以肯定，就算换个处境你也照样不会快乐。"换句话说，如果你现在对自己所拥有的事业、自己所从事的工作，或是自己的地位都无法感到高兴的话，那么就算获得了你想要的事物，你还是会一样不快乐。

培养工作激情，是竞争中至关重要的事情。在工作当中，要想与别人竞争，就必须保持一股工作的激情。激情是发自于内心的兴奋，充满整个人的精神世界。一个人即使能力不足，但若充满激情，通常会胜过能力很强但缺乏激情的人。

路易斯从秘书学校毕业之后，想找一份诊所秘书的工作。但她刚刚毕业，没有这方面的经验，面试了好几次都没有成功。于是她开始运用激情原则。

当她又一次去面试时，她开始用语言鼓励自己，在心里一遍一遍地对自己的能力做出肯定，她认为自己能做好这项工作，医生会把她视为不可缺少的人。

在去面试的途中，她一直在鼓励自己。她充满信心地走进办公室，热忱地回答了问题，凭着这种激情，她最终得到了这份工作。

几个月以后，她和医生已经很熟悉了，这时医生才告诉她，当他看到她的申请表上写着没有任何经验的时候，他已经决定不用她，面试只不过是一次礼貌性的谈话而已，但是她的热忱使他觉得应该试用她看看再说。这个女孩把激情带进了工作中，成了一位很好的诊所秘书。

激情是一种工作的精神特质，代表一种积极工作的精神力量，这种力量不是特定不变的，而是不稳定的。不同的人，激情的程度与表达的方式不一样。甚至同一个人，在不同情况下，激情的程度与表达的方式也不一样。但总的来说，人人都具有激情，只要善加利用就可以使之转变为巨大能量。

克里夫是一家代理公司的业务员，在工作中，他运用激情原则和许多脾气暴躁难缠的顾客建立起了生意关系。有一次，他在与一位建筑商谈业务时，遇到很大的困难，因为这位建筑商脾气很古怪，粗鲁无礼，经常大发脾气。克里夫和他见了两次面，这位建筑商总是拒绝听他的解说，但是克里夫仍不放弃，他决定再去找建筑商谈一次。这次当他来到建筑商的办公室的时候，这位建筑商正在向一个推销员大声吼叫，脸涨得通红，那个推销员手足无措。克里夫没有被这种情形所吓倒，在那个推销员离开之后，克里夫微笑着看着那位建筑商，以平静的声音和态度把自己的来意说了一遍。这位建筑商坐在他的办公椅上半天没说话，然后告诉克里夫，让他在这儿等上一个小时。一个小时后，建筑商回来了，克里夫告诉他自己有个很好的计划要告诉他，在没有告诉他之前，自己是不会走的。

结果，克里夫和建筑商签订了一年的合约，而且以后他们可能有更多的合作。

一个充满激情的人，不论是在干苦力，还是在经营公司，都会认为自己的工作是一项神圣的天职，并怀着极大的兴趣把工作干得有声有色。不论工作有多么困难，自己将接受多么严峻的考验，他始终都会一如既往、永不放弃。具有这种态度的人，一定会取得成功，一定会达到目标。而没有激情的人，就会变得十分教条，对工作冷漠处之，当然就不会有什么发现创造，潜在的能力也无从发挥，总是垂头丧气，别人自然就会对他丧失信心，他也会成为这个工作场所里可有可无的人，也就等于取消了自己继续从事这份工作的资格。可见，培养工作激情是竞争中至关重要的事情。

许多做得极好的工作，都是在激情的推动下完成的。工作激情，是任何渴望成功的人们以及追求幸福的人们必须具备的条件。激情与成功之间的关系，就好像汽油和汽车引擎之间的关系一样：激情是行动的动力。

激情，使我们的决心更坚定；激情，使我们的意志更坚强！它给思想以力量，促使我们立刻行动。凭着激情，我们可以将任何消极的表现和经验转变成积极的表现和经验，从而把梦想变成现实。

一位著名的橄榄球教练到达绿湾的时候，他面对的是一支屡遭败绩而失去斗志的橄榄球队。他站在队员面前，静静地看着他们。过了很长的一段时间后，他以低沉但很有力量的声音说："我们就要成为一支伟大的球队了，我们要战无不胜，听到了没有？你们要学习阻挡，你们要学习奔跑，你们要学习拦截。你们要胜过所有和你们对抗的球队，听到了没有？"

"如何做到呢？"他继续说，"你们要相信我，你们要相信我的方法，一切秘诀就在这里。从此以后，我要你们只想三件事：你自己、你的家庭和绿湾球队，就按照这个顺序——让激情充满你们的全身！"队员都在椅子上坐得笔直，当教练走出会议室之后，他们感到雄心万丈。那一年，他们赢得了区冠军，第三年赢得了全国冠军。原因不只是球员的辛苦训练以及对运动的热爱，还有最重要的一点——激情。

激情的力量真的很大！当这股力量被释放出来，并不断用信心补充它的能量时，它会形成一股不可抗拒的力量，并足以克服一切困难。

有了激情，没有什么困难不能克服，没有什么险阻不能战胜。激情能把难事变得简单！

5
独立完成自己的工作

在工作中，每个员工都会遇到困难，渴望得到别人的帮助和支援。有一些员工不能很好把握其中的分寸，在工作中形成了一种“心理依赖”现象，无论困难大小，一味寻求别人的帮助和支持。如果别人能满足自己，心理作用就会加强，工作中的积极性就会高一些；如果得不到满足，就萎靡不振。

最好拒绝和消除依赖别人的不良心理现象，要有独立面对困难的勇气，努力完成自己的工作。只有这样才能得到别人的承认，获得他们的赞同，受到老板的表扬。如果你不能有效摆脱在心理上对别人的依赖性，在前进的路上必然会障碍重重。

下面是美国独立公司联盟主席杰克·法里斯少年时的一段经历。

在杰克·法里斯13岁时，他开始在他父母的加油站工作。那个加油站里有三个加油泵、两条修车地沟和一间打蜡房。法里斯想学修车，但他父亲让他在前台接待顾客。

当有汽车开进来时，法里斯必须在车子停稳前就站在司机门前，然后忙着去检查油量、蓄电池、传动带、胶皮管和水箱。法里斯注意到，如果他干得好的话，顾客大多还会再来。于是，法里斯总是多干一些，帮助顾客擦去车身、挡风玻璃和车灯上的污渍。

有段时间，每周都有一位老太太开着她的车来清洗和打蜡。这个车的车内地板凹陷极深，很难打扫，而且，这位老太太很难打交道。每次当法里斯给她把车准备好时，她都要再仔细检查一遍，让法里斯重新打扫。

终于，有一次，法里斯实在忍受不了了，他不愿意再侍候她了。法里斯用企求的目光看着父亲，希望父亲能过来帮助。法里斯回忆道，他的父亲告诫他说："孩子，努力，独立完成工作！不管顾客说什么或做什么，你都要记住这是你的工作。"

父亲的话让法里斯深受震动。法里斯说道："正是在加油站的工作使我学到了严格的职业道德和独立完成工作的精神。这些东西在我以后的职业经历中起到了非常重要的作用。"

"记住，这是你的工作！"这是对天下每一个员工说的。

如果你依赖别人，那么你将失去自己的色彩；如果你依赖别人，你就至少把部分的自己交付给了自己所依赖的人，自己就受到了他的支配；如果你依赖别人，就会丧失主动进取的精神，使自己陷入被动的境地。

看看依赖别人，将会使自己变成什么样：对工作不能认真完成，总是推三阻四，老是抱怨，寻找种种借口为自己解脱；不能最大限度地满足顾客的要求，不想尽力超出客户预期服务；对工作没有激情，总是推卸责任，不知道自我批评；不能出色地完成上级交付的任务；对自己的公司、老板、工作不满意，指手画脚，挑三拣四。一旦你变成了这样的人，将是多么可怕，又是多么可悲！

如果你依赖别人，那就等于自己接收了由别人强加给你的、一种与你的个性与信念不相容的思维方式和行为方式。一味地寻求“支援”与“赞助”的话，将会危及自己的进步与成功。我们要坚信：每个员工都能独立地完成自己的工作！自己完全可以作一个不依赖别人的人。假如你已经成为一位依赖别人的人，那么给你开出的一剂最好的救治良药就是端正坐姿，然后面对内心，大声而坚定地告诉自己：努力，独立完成工作！

努力，独立完成工作！既然你选择了这个职业，选择了这个岗位，就必须接受它的全部，必须去独立地完成它，而不仅仅只享受它给你带来的益处和快乐。哪怕它前面有高峰和深谷，哪怕它前面有冰川和火海，哪怕它前面有屈辱和责骂，那也是这个工作的一部分，需要你自己去体会！

努力，独立完成自己的工作！不要忘记自己的责任，要勇于承担自己的使命，让富有活力而年轻的心在奋斗中成熟。

工作是需要我们用生命去做的事，每一个员工都应该满怀感激和崇敬的心情，尽自己最大的努力，把它做得十全十美。

假如你是一个对自己负责任的员工，你不妨这样做：一旦你决心克服依赖别人的“心理借口”，你应当立刻从一些简单的调整开始，逐步改变自己总是依赖别人的不良习惯。

除非你不想再干这种工作或者你已不具备劳动能力，你没有借口不努力独立完成自己的工作。当我们在工作中遇到困难时，当我们试图以种种借口来为自己开脱时，让这句话来唤醒你沉睡的意识吧：努力，独立完成自己的工作！

6

全心全意，尽职尽责

每一个在事业上取得成功的人，无一不是全心全意、尽职尽责、一丝不苟地把一切做得完美的人。

一个成功的经营者说：“如果你能真正做好一枚曲别针，应该比你制造出粗陋的蒸汽机赚到的钱更多。”

一份法国报纸刊登了一则招聘文员的广告：“工作很轻松，但要全心全意，尽职尽责。”

事实上，不仅文员如此，所有的工作都要全心全意、尽职尽责才能做好。而这正是敬业精神的基础。

不管我们从事什么职业，都应该尽职尽责，尽自己最大的努力，把工作做好。这不仅是职责的需要，也是人生的需要。

在英国赛马界，有一位声望很高的极有权威性的人物，他既不是名声显赫的老板，也不是技艺出众的赛马手，而是一位钉马掌的铁匠。他钉的马掌，可以让赛马发挥自己最快的速度，取得最好的成绩。他总能巧妙地根据马蹄的不同特点给它们钉上最适合的马掌。他说：“我给它们钉了一辈子的掌，这就是我的工作，也是我最关心的事，我看到一匹马，首先想到的就是该给它钉一副什么样的掌最合适。”

他一辈子就给人家钉马掌，并为自己赢得了极高的荣誉。现在他年事已高，但找他钉马掌的赛马手仍络绎不绝，甚至要排队等候。

在现实工作中，我们有许多人贪多求全，什么都懂一点，但什么都不全懂，对工作只求一知半解，结果总是半途而废。

那些技术半生不熟的泥瓦工和木匠，将砖石和木料拼凑在一起来建造房屋，在这些房屋尚未售出之前，有些已经在暴风雨中坍塌了；学术不精的医科学生不愿花更多的时间学好技术，结果做起手术来笨手笨脚，让病人承受着极大的生命危险；律师在读书时不注意培养能力，办起案件来捉襟见肘，让当事人白白花费金钱……这些都是缺乏敬业精神的表现。

无论做什么工作，都应该精通它，做到一丝不苟，把每一件事都做得完美。这其中蕴涵着令人不容忽视的道理，很少有人能真正体会到。这正是我们做事不能善始善终的根源，它导致工作不完美，生活不快乐。

那么，现在就让我们来审视一下自己吧，先问一问自己几个问题：

——自己是否真的走在前进的道路上？

——为了使自己对工作更精通，是否认真研读过专业方面的书籍？

——自己有没有像画家仔细研究画像一样，仔细研究过工作领域的各个细节问题？

——在自己的工作领域，你是否做到了尽职尽责？

如果你对这些问题的答案是否定的，那么就要努力改正自身的不足。

下决心掌握自己工作领域的所有问题，使自己变得比他人更精通。只有我们是工作方面的行家里手，精通自己的全部业务，才能赢得良好的声誉，同时也拥有了一种潜在成功的秘密武器。

有一个刚刚进入公司的年轻人，自认为专业能力很强，对待工作十分随意。有一天，他的老板交给他一项任务——为一家知名的公司做一个广告宣传方案。

这个年轻人自以为才华横溢，只用了一天的时间就把这个方案做完了，交给老板。老板一看不行，又让他重新做。结果，他又用了两天时间，重新做了一份方案。虽然觉得不是特别完美，也还能用，就把它呈报给了老板。

第二天，老板把他叫进了自己的办公室。问他："这是你能做得最好的方案吗？"年轻人一怔，没敢回答。老板轻轻地把方案推给了他，年轻人什么也没说，拿起了方案，折回了自己的办公室。

然后，他调整了一下自己的情绪，又修改了一遍，重新交给了老板。老板还是那一句话："这是你能做得最好的方案吗？"年轻人心中还是忐忑不安，不敢给予一个肯定的答复。于是，老板让他还是拿回去重新斟酌，认真修改。

这一次，他回到了办公室里，费尽心思，苦思冥想了一个星期，终于彻底地修改完后交了上去。老板看着他的眼睛，依然问的是那一句话："这是你能做的最好的方案吗？"年轻人信心百倍地回答说："是的，我认为这是最好的方案。"老板说："好！这个方案批准通过。"

有了这一次的工作经历之后，年轻人明白了一个道理：只有尽职尽责地工作，才能把工作做得尽善尽美。以后，在工作中，他便经常叮咛自己：不要分心，一定要尽职尽责地对待自己的工作。结果，他变得越来越出色，受到了老板的器重。

职场上就是这样，有些员工本来具有出色的能力，却因为不具备尽职尽责的工作精神，在工作中经常出现疏漏，结果让自己逐渐平庸下去。而另外有一些人，刚开始在工作中表现得并不出色，他们也明白自己的情况。为了改变自身的境况，他们全身心、尽职尽责地投入到工作之中，想尽一切办法把自己的工作做得完美，最终在事业上取得了一定的成就。

有位伟人说："我在一段时间内只会集中精力做一件事，但我会彻底做好它。"这就告诉我们无论做什么工作，都需要做到"精通"二字。

由于不精于自己的业务，在工作中造成巨大的失误，会给人们带来无穷的祸患，其实这些悲剧是完全可以避免的。早年，在美国宾夕法尼亚的一个小镇上，因为筑堤没有按设计图纸去筑石基，结果导致堤岸决堤，全镇被水淹没，无数人被淹死。这种由于工作疏忽引起的悲剧，总是时有发生。这带给我们多大的警示啊！

一旦养成了半途而废、心不在焉、懒懒散散的坏习惯，企图运用一些小伎俩蒙混过关，是不可能出色地完成任何任务的。假如在与人签合约时总是延误，到手的订单就会飞掉；与人约会时总是误点，会让人大失所望。对待事情三心二意，是干不好任何工作的，注定只能是个失败者。做事情无法善始善终的人，是意志不坚定的人，是不尽心尽责的人，是不可能达到自己所要追求的目标的人，家人和同事也会对他感到沮丧和失望的。这样的个人缺陷和弱点渗透到整个事业中去，必将会影响公司的发展。

一位先哲说过："无论做任何工作，都要尽心尽力地去做，它可以作为天才的替代品！"因此，我们要培养一丝不苟的敬业精神和严谨的工作作风，培养超凡的心智——它既能带领普通人往好的方向前进，又能鼓舞优秀的人追求卓越。

无论做什么事，都必须竭尽全力、无私敬业。若能处处以主动尽职的态度工作，即使从事最平庸的职业，也能为我们个人增添荣耀。

7
勤奋耕耘、默默奉献是优秀员工最值得拥有的品质

在人才竞争日益激烈的职场中，怎样才能获得成功的机会呢？是依靠对工作的抱怨、不满、拖拉和偷懒吗？如果你始终把工作当做一种惩罚，那么你永远都休想获得成功，甚至有可能连目前这份你认为大材小用、埋没了你的才华的工作都保不住。

如果你凡事得过且过，从不努力把自己的工作做好，那么你永远无法达到成功的顶峰。对这种类型的人，任何老板都会毫不犹豫地排斥在他的选择之外。

绝大多数老板心目中最理想的员工，不是最聪明、最能干的员工，而是最勤奋的员工。

无论什么时候，老板们都会器重勤奋的员工，并给予他们如此多的机会。不论哪个行业，老板们都非常敬重工作勤奋的员工。

在现代职场中，要想在工作中走出一条完美的轨迹，唯有依靠勤奋的的工作，在工作中不断进取。

戴维就是靠着自己的勤奋而获得成功的。他现在是加利福尼亚建筑公司的一名副总。而几年前，他还只是工地上的一名送水工。在其他送水工把水桶搬进来，一面抱怨薪水太少，一面躲起来抽烟的时候，他却给每位工人的水杯倒满水，并利用一切时间来了解有关的工作情况，帮他们做一些力所能及的事情。结果，两周后，他就当上了计时员。已经是计时员的戴维依然非常勤奋，每天第一个到工地的是他，最后一个离开工地的还是他。他的勤奋，使他对建筑工作的每一个流程都非常熟悉，连工地上最有经验的工人也常来向他请教。现在，他已经成了公司的副总，但他依然特别专注于工作。他鼓励大家学习和运用新知识，还常常拟计划、画草图，向大家提出各种好的建议。

没有什么比这样的故事更能让人的心灵受到震撼了。戴维并没有出众的才华，也没有什么显赫的出身，他只是一个普通得不能再普通的送水工，但他勤奋，他是靠他的勤奋取得巨大成功的。

戴维的经历告诉我们，不管你现在从事的是什么工作，不管你是清洁工人还是白领人士，要想在这个时代脱颖而出，你就必须拥有积极进取、奋发向上的心，付出比以往任何时代更多的勤奋和努力。这样的你就是成功的，就是令老板认可的。否则，你只能由平凡转为平庸，最后变成一个毫无价值和没有出路的人。

勤奋的标准应该是自己设定的，而不是由别人要求的。如果你对自己的期望比老板对你的期许更高，那么你就无需担心会失去工作。同样，如果你能达到自己设定的最高标准，那么升迁晋级也将指日可待。当你养成这种自动自发的习惯时，你就有可能成为老总或老板。

我们可以想象一下，两个背景一样的员工，一个勤奋主动、热情进取，像一个上满发条的钟表一样为公司工作；另一个却总拖三拉四、散漫懒惰，像只泄了气的皮球一样见工作就躲。你是老板，会做什么样的选择呢？这个答案恐怕是不言自明了吧！

因此，我们不应该仅仅抱着“老板让我做什么”的想法，而应该再进一步想一想“我能为老板做什么”。一般人认为，忠实可靠、尽职尽责地完成老板交代的工作就可以了，尽量避免犯错，凡事只求忠实公司的规则，老板没让做的事，绝不会插手。但这还远远不够，尤其是对那些渴望在工作中获得成功的人来说更是如此。必须做得更多更好，要勇于负责，要有独立思考的能力，必要时要发挥创意来积极主动地完成任务。

我们在刚开始参加工作时，也许从事的只是端茶倒水、接电话之类的琐碎工作，或者从事秘书、会计和出纳之类的事务性工作。许多人在寻找自我发展机会时，常常这样问自己：“做这种平凡乏味的工作，有什么希望呢？”可是，就是在极其平凡的位置上，往往蕴藏着巨大的机会。只有把自己的工作做得比别人更完美、更迅速、更正确、更专注，调动自己全部的智力，从旧事务中找出新方法来，才能引起别人的注意，使自己有发挥本领的机会，从而实现心中的愿望。

人们习惯于用薪水来衡量自己所做的工作是否值得。很多人认为勤奋工作只能带给老板业绩的提升和利润的增长，而自己却没有获得薪水的提高。其实，勤奋带给你的是比薪水更宝贵的知识、技能、经验和成长发展的机会。勤奋，带给你和老板的是一个双赢的结果。

对于老板来说，业绩的提升和利润的增长当然是最重要的。而对于一名员工，尤其是年轻员工来说，又有什么能比知识、技能、经验和成功的机会更宝贵的呢？所以说，勤奋不仅是对公司、对老板负责，更重要的是对自己负责。

许多人都抱着这样一种想法：我的老板太苛刻了，根本不值得如此勤奋地为他工作。然而，他们忽略了这样一个道理：工作时虚度光阴会伤害你的老板，但受害最深的却是你自己。有些人挖空心思费尽精力来逃避工作，而不愿将同样的精力和心思用在自己的工作上。一位优秀的老板会很明白，员工的勤奋会带来什么样的结果；他也很清楚，一名懒散的员工会给自己带来什么。你说，他会把升迁和奖励送给那些耍小聪明的人吗?

那些懒惰的人从来不向更深层次考虑问题，他们没有看到那些成功的人在实现理想的过程中所经受的考验和挫折，他们不明白没有付出非凡的代价，没有艰苦的奋斗，没有勤奋的工作，是根本无法实现自己的梦想的。他们不相信勤奋，只相信运气天命。他们看到别人成功，便觉得那是别人命好运气好，他们从来没想到过成功来源于勤奋，就这么简单。

勤奋工作，就是在为自己的现在和将来而努力。无论薪水是多是少，那只是你从工作中获得的一小部分。你的老板可以掌握你的薪水，但他无法捂住你的眼睛，捂住你的耳朵，他不能阻止你去接受新的知识，培养自己的能力，不能阻止你为梦想而蓄势，为将来而努力。勤奋工作，其实正是一种等待，一种积蓄。一定要学会在勤奋工作中耐心地等待，等待他人的信任和赏识，这样才能使自己的努力得到回报，才能迈向更高的目标。所以，正确认识你的工作，勤勤恳恳地努力去做，才是对自己负责的表现。

第二章

承担责任，本身就是一种能力

1
我要做好这份工作

“我要做好这份工作”这句口号引起很大的回响，可以说它富有争议性，又可以说它深入民心。你是否想过这个口号蕴含的工作伦理和专业精神。要做就要做好这份工作，这是你的专业所在，你的专业精神就体现你的工作能力。

有人问克里姆林宫内一位清洁女工对自己工作的看法，她的回答是：“我的工作和总统的工作其实差不多，他是在打理俄罗斯，我是在打理克里姆林宫，每个人都是在做好自己分内的事。”她说得轻描淡写，又理直气壮。

你或许未听过这个故事，但这位清洁女工专业乐业的精神，大家不应该陌生。香港是一个面积很小的地方，过去香港经济能够以

小胜大，在全球竞争中脱颖而出，凭借的正是每个香港人不论行业贵贱，不论职位高低，都尽力做好自己工作的专业精神。

“专业”最狭窄的定义，是指具有认可专业资格的工作，包括律师、工程师、建筑师、会计师、医生、测量师等，但“专业”除了是指资历外，也代表一种工作态度。“我要做好这份工作”是鼓励我们能够以专业精神去对待自己的工作，站好自己的岗位。

这是香港西铁一个车厢的车顶在隧道内起火的事件。当时，列车车长在指示乘客如何逃生后，立刻返回车厢，由车头走到车尾，查看乘客是不是已全部离开，还把车厢内的灭火筒搜集起来去救火。他为何要这样做?因为他觉得这是车长的责任，他觉得要做好车长这份工作，就应当这样做。事件中，又有乘坐列车的一位警员临危而上，协助乘客疏散，他没有考虑自身安全，一心只想安排乘客安全疏散，只想做好警察救急扶危的工作。当日更有树仁大学新闻系学生折返现场，拍得第一手图片被全港报章头版刊用，尚未正式成为记者的他，已竭尽所能去做好记者这份工作。

“做好这份工作”不一定要做英雄人物。曾有一个专访，是关于电影《无间道》编剧庄文强的。他说在拍摄《无间道》时，他不仅写剧本，更参与美术、灯光、摄影，甚至音乐的构思，以追求自己作品的完整性。他觉得如果每一位编剧都愿意与导演及其他工作人员做类似的沟通，编剧地位获得尊重并非难事。他一有空闲便会疯狂地看书和欣赏大师作品。《英雄本色》他看了一百多次，《教父》一、二集看了六七十次，借以揣摩其他人的思路。他的故事或许没有英雄故事伟大、动人的情节，但他同样受人尊敬，因为他处事专业，因为他做好了自己的工作。

很多人以为“做好这份工作”很容易，这是低估了“做好这份工作”需要付出的代价。

日本管理大师大前研一曾经为专业定下这样的定义：“他们不单具备较高的专业知识和技能以及伦理观念，而且无一例外地以顾客为第一位，具有永不厌倦的好奇心和进取心，严格遵守纪律。以上条件全部具备的人才，我才把他们称为专业。”

我们已进入21世纪的全球化时代，这是一个高速变化的时代，互联网革命改变了公司组织及市场竞争的环境，我们不只是与周边地区竞争，也要面对全球竞争。

由于世界转变的速度与规模都是前所未有的，我们需要有无穷的进取心及好奇心，追求卓越，不断进步，在工作岗位上严守纪律，重视务实执行，不能纸上空谈。

一个秉持专业工作态度的人不单要有洞察力，能对未来趋势做出准确的判断，同时需要有能力将构思变成行动，把握时机，用最快的速度实现目标。我们必须持有这样的专业工作态度，才能无惧全球竞争，才能立足于21世纪。面对全球竞争，一个有专业态度的人会不断问自己：“我是否做好了我自己的工作？”

“我能做好这份工作”将是我们未来赖以谋生的最根本的东西。

“我能做好这份工作”，坚持这么一种信仰，你就会觉得工作并不会成为你郁闷的原因。因为有这么一份信仰，你总会找到一份让你激情奋发的工作，因为别人也同样相信你——“我会做好这份工作”，“我能做好这份工作”。

努力吧，“我会做好这份工作”，“我能做好这份工作”！

2 积极进取，工作中的问题才能迎刃而解

追求完美可能会让我们工作起来非常疲惫，似乎永远看不到最终的目标。可是它对职场中的人来说很重要，自我满足就意味着停滞不前，一旦一个人自以为工作做得很出色并因此故步自封，那么他就难以突破自我，逐渐找不到自己的位置。因此，要想做职场上的常胜将军，秘诀只有一条，那就是随时思考努力进取，争取把自己的工作做得更好。

一个优秀的员工总是善于和自己较劲，永不满足。永不满足、积极进取，能够激励员工从弱者变成强者，从失败走向成功，从贫穷走向富裕。永

不满足、积极进取，能够激励你不断取得成功。

我们常常看到有些天分颇高的员工，一生却只做些平凡的事。他们的天分虽高，却没有受过充分的训练、培育。因为他们从来就没有意识到自己应该不断进取。他们看到的只是每日的薪水，以及领到薪水后几天的快乐时间，结果他们的一生总是平平庸庸。

此外，我们现在所处的已经不是那个只要肯出力就能做好工作的时代了。

公司聘用你来工作，更重要的是希望能发挥你的思考力和判断力，为公司的利益做出更大的贡献。所以，职场中的每一个人都要时刻提醒自己，任何工作都有“百尺竿头，更进一步”的可能。

当一个人具有不断进取的决心时，这种决心就会化作一股无穷的力量，凭借这股力量，可以战胜阻碍前进步伐的困难和挫折。当人们面对具有威慑力的山峰时，这种进取心会让人们充满巨大的力量，敢于挑战最大的危险，也敢于做别人不敢做的事。攀登者敢于向不可能挑战，就是成功的进取心所驱动的。

莫德克·布朗的成功经历，完美地诠释了进取心与成功之间的联系。莫德克是美国棒球界历史上最伟大的投手之一。他从小就下定决心要成为棒球联盟的投手。

然而，他的成功并非是上帝偏爱的缘故。最为不幸的是，他小时候在农场做工的时候，右手被机器夹住，失去了食指的大部分，并且中指也受了重伤。我们要知道，对于一个投手，失去手指意味着什么。

可是这位少年尽自己最大的努力，学会用剩余的手指投球，终于成为地方球队的三垒手。

有一天，莫德克从三垒投球到一垒，教练刚好站在一垒的正后方，看到旋转快速的球划着美妙的曲线进入一垒手的手套里，不禁惊叹道：“莫德克，你是天才投手。球控制得太出色了，球速也快。那种会旋转的球，任何击球手都会挥棒落空的。”

莫德克投的球速度快，又有角度，上下飘浮，然后进入捕手手套的中央。击打者都束手无策。莫德克将击球手一个个三振出局。他的三振纪录和成功投球的次数都很了不起，不久便成为美国棒球界最佳投手之一。

正是受伤的手指，也就是变短的食指和扭曲的中指，使球产生了如此与众不同的角度和旋转。

少年莫德克之所以能成功地实现自己的梦想，正是靠着一股永远进取的精神。

对于一个有进取心的人来说，即使屡遭失败也仍然十分努力。成功的大小不是由这个人达到的人生高度衡量的，而是由他在成功路上克服的障碍的数目来衡量的。

英国一家铁路公司的总经理，年轻时是一个三等列车上的工人，每个月的薪水只有48美元。有一个老工人对他说：“不要认为做了管理制机的工人，就觉得自己了不起，要知道，你如果想当列车长，还要五六年呢。到那时，你才可以趾高气扬，享受每个月400美元的待遇。”令人想不到的是，这位年轻人居然满不在乎地说：“你以为我做了列车长就满足了吗？我还要做公司的总经理呢！”正是因为这位年轻人不满足于现状，努力进取，最终实现了他自己的愿望。

进取心是成功人士的一种美德，它能驱使一个人在不被吩咐应该做什么之前，就能积极主动地去做应该做的事。

如果我们有足够的决心并付之以坚韧的努力，就一定会成功。永远保持一颗进取的心，战胜成功道路上的各种不利因素，最终取得成功。生命在进取中生生不息，事业在进取中蒸蒸日上，我们也将在进取中超越自我，创造卓越。

成功的职场人士都喜欢问自己：“怎样才能将自己的工作做得更好？”人具有了这样的问题意识，自然就能够了解自己所欠缺的还有很多，才能把工作做好。然而大多数人并没有这样做。

我们的头脑是一个巨大的宝库，和地球上的自然资源不一样，人的脑力资源会越用越丰富，如果不用反倒会枯竭。因此，我们在生活和工作中，都要积极进取，充分地将自己的才能发挥出来。

塞尔玛利特是美国的一名科学家，小时候因家境贫寒，没有读多少书，而是直接进了工厂，当一名车工。可是，对一个刚满15岁的小孩子来说，当车工并非是一件简单的事情。刚开始的时候他一窍不通，但他很勤奋，从来不错过任何学习的机会。逐渐地，塞尔玛利特成了一名技术娴熟的车工。可是，塞尔玛利特却不满足于现在的状况。他逐渐对生产机器产生了兴趣，并发现了其中的诸多不足。他决定通过自己的努力改变这些不足。经过数十年如一日的艰苦奋斗，塞尔玛利特不但成为一名非常有名的工程师，还是一个拥有多项发明的科学家。而塞尔玛利特在自我评价时却说："我天生条件很差，知识比较缺乏，我取得的成绩完全是靠自己的积极进取。但是，这至少也能说明我具有发明创造这方面的潜能。我通过积极地创造，将这些才能淋漓尽致地发挥出来了。"

可见，造成一个人所取得成就的差异，主要原因是我们是否将自己的才能完全发挥出来。而才能的发挥，除了正确的方法外，其最重要的一点就是积极进取。

如果我们能够始终将积极进取作为工作的一个准则，那么我们的人生就会因此而变得更加丰富多彩。

3

勇于挑战是获得成功的基础

在职场中，有很多人虽然颇有才学，具备种种足以得到老板赏识的能力，但却有一个致命的弱点：缺乏挑战的勇气。他们对工作中出现的困难一躲再躲，恨不得能逃到天涯海角。其实，挑战无处不在，就看我们敢不敢迎接挑战，这是我们能否成功的关键一步，只有敢于挑战的人才会获得成功。

如果你对自己的挑战力判断有误，挑战之后不能让“不可能完成”

变成现实，千万不要沮丧失望。聪明、成熟的老板，决不会只看结果是成功还是失败的。他决定你是否应该受到器重，还会观察你的敢于挑战的工作态度和头脑的运用。他比任何人都明白，没有一种挑战会马到成功。所以，你依然是老板喜爱的“职场勇士”。同时，你所经历的、所得到的，都是胆怯观望者们永远都没有机会知道的——因为他们不敢尝试。

从美国成功的广告人罗杰斯尔身上，我们就会发现挑战的巨大魅力。

1972年，罗杰斯尔刚刚高中毕业，他想找份工作，打算以销售工作开始。他梦想拥有公司配的又新又好的汽车，并打算拥有一份薪水，外加佣金和奖金，每天西装革履地上班，还有出差的机会。

一天，罗杰斯尔偶然发现了一则招聘广告：一家出版公司的全国销售经理要在本城呆两天，只为了招聘一位负责4个州各书店、百货公司和零售商的业务代表。罗杰斯尔梦想在将来成为作家或出版家，所以“出版”二字对他来说是有吸引力的。广告又说，月薪2000美元到2500美元，外加佣金、奖金、公务费和公司配车。这正是他梦寐以求的工作。

然而，不幸的是，他去面试时，那位全国业务经理很客气地向他解释，他不是他们要找的人。一是罗杰斯尔太年轻，二是他没有工作经验，三是他没念过大学。这份工作显然是为年龄在30到40岁之间、大学毕业，并具有相当丰富经验的人准备的，高中刚毕业的他显然不适合。该公司已有几位应聘者待定。罗杰斯尔竭力毛遂自荐，但招聘者态度坚决——他不够格。

这时，罗杰斯尔亮出了绝招。他说：“你们这个地区缺商务代表已经4个月了，再缺两个月也不至于要命吧。看看我的主意：让我做两个月，公司只负担公务费，我不要工资，还开我自己的车。如果我向你证明胜任这份工作，你再以半薪雇我两个月，不过我要全额佣金和奖金，还得给我配车。如果这两个月我仍胜任这份工作，你就用正常条件录用我。”

业务经理听完罗杰斯尔的一番话点头微笑了，他被破格录用了。罗杰斯尔的表现并未让他们失望。在很短的时间内，罗杰斯尔凭借自己的努力重组了销售流程，短期内在困难重重的地区让更多新客户的产品摆满了他们的整个摊位。

结果可想而知。最后罗杰斯尔有了公司的配车、全额工资、全额佣金和奖金。

可见，勇于挑战自我，才会拥有更多的机会和成功。有句格言说得好："失败者任其失败，成功者创造成功。"格言强调，胜利者天生是倾向行动的人，倾向挑战的人。

人生到处充满挑战，成功的关键在于你是否敢于接受挑战，激发挑战挫折的气魄。在工作当中，我们不仅时时受到外界的压力，而且还时时受到自身的挑战，以至使自己陷入困境。许多人走不出困境，就是缺乏高喊"我很重要"的勇气。自身是阻挡我们成功的最大"敌人"，需要我们自己去对付。因此当我们敢于做自己的对手，战胜自己时，就会是另外一种情况。

第二次世界大战后受经济危机的影响，日本失业人数陡增，工厂效益也很不景气。一家濒临倒闭的食品公司为了起死回生，决定裁员1/3。有三种人名列其中：一种是清洁工，一种是司机，一种是无任何技术的仓管人员。三种人加起来有40多名。经理找他们谈话，说明了裁员意图。清洁工说："我们很重要，如果没有我们打扫卫生，没有清洁优美、健康有序的工作环境，你们怎么能全身心投入工作？"司机说："我们很重要，这么多产品没有司机怎能迅速销往市场？"仓管人员说："我们很重要，战争刚刚过去，许多人挣扎在饥饿线上，如果没有我们，这些食品岂不要被流浪街头的乞丐偷光？"经理觉得他们说的话都很有道理，权衡再三决定不裁员，重新制定了管理策略。最后经理令人在厂门口悬挂了一块大匾，上面写着："我很重要"。每天当员工们来上班，第一眼看到的便是"我很重要"这4个字。不管一线员工还是白领阶层，都认为老板很重视他们，因此工作都很卖命。这句话调动了全体员工的积极性，几年后公司迅速崛起，成为日本有名的公司之一。

试着说出“我很重要”，就能激发出挑战困境的气魄。

你可曾消沉沮丧？遭遇严重困境？可曾因希望破灭而心情沉重？其实，这些情况，都不应成为阻碍我们达到最后目标的绊脚石。陷入困境正如冒险和胜利一样，是生命中必然具备的一部分，因为成功通常都是在无数次的痛苦之后得到的。

我们开始若以失败者自居，便会真的成为失败者。“你以为自己是怎样的人，就会真的成为怎样的人。”这句名言在此处同样适用。

对于运动员的竞技而言，比赛完了就是结束了——有人赢，有人输，比赛不能重来。可是在工作上，机会不止一次。套用奥哈拉的话说：“明天又是崭新的一天。”明天永远有另一个成功的机会。

只要一息尚存，就有希望。不论遭遇何种不幸，只要能继续生存下去，就有东山再起的可能。不论发生什么事，绝不要认为自己是挫败者，反而要阻止消极的思想侵蚀你的心灵。不要落入不满的陷阱，变得忧虑、蛮横或愤世嫉俗。

伟大的希腊演说家德谟克利特因为口吃而害羞。他父亲去世前留下一块土地，想使他富裕起来，但当时希腊的法律规定，他必须在声明土地所有权之前，先在公开的辩论中战胜所有人才行。口吃加上害羞使他惨败，结果丧失了这块土地。从此他发奋努力，成为了伟大的演说家。历史上忽略了那位取得他财产的人，但一连好几个世纪，世界各地的学童都在聆听德谟克利特的故事。

因此，要想克服危机，就要挑战自我，战胜自我。我们应该时时以自己为对手，战胜自己，直面自己。这样，才能使自己强大起来，永远立于不败之地。

科林讲述过自己的亲身经历：“若干年前，我实现了人生理想：建筑事业蒸蒸日上，有舒适的住宅，两辆新车，还有一艘帆船，婚姻美满。可以说我已经应有尽有了。”

“突然，股票市场崩溃，一夜之间我盖的房子无人问津。要偿付沉重的利息，几个月就耗尽了全部储蓄。以为情况坏到不能再坏的时候，太太说要离婚。”

“不知今后如何是好，我决定‘扬帆驶向夕阳’，沿海岸从康涅狄格州南下佛罗里达州。可是到达新泽西州海岸之后，我竟然转向正东航行，直奔大海。几小时后，我靠着栏杆。我心想，让海水吞了我该多容易。”

“突然间，船被大浪托高再疾坠下来。我失去平衡，幸好抓住栏杆，但两只脚已浸在冰冷的海水里。我吓坏了，勉强爬回船上，心想：‘是怎么回事？我可不想死。’从那时起，我知道必须振作才能渡过难关。旧日生活已去，必须重建新生才行。”

我们已经从挫败中慢慢走出来，我们觉得挫败并不可怕，挫败可以战胜。但我们现在还缺乏什么呢？我们还缺乏从废墟中重建罗马的勇气和信心，只有具备了这两样，我们才能最终战胜挫败，实现“挫败—克服危机—再挫败—再克服危机”的成功模式。

4
积极行动起来为公司营利

“利润至上”是每个公司的原始推动力，也确实是公司存在、发展乃至服务社会的根本。因此，老板们都希望员工头脑中有一个简单却至关重要的概念，那就是每一个公司的成员都有责任尽力帮助公司赚钱。一旦员工的头脑中输入这个概念，并习惯基于这个概念行事，就一定会见到效果。

但是有些人却认为只有生产人员和销售人员才能直面客户，为公司赚钱。其实这种想法是不科学的。公司是一个整体，每个员工都是其中的一分子，他们虽然不直接与客户打交道，但是可以为公司资金的运作提出合理的意见，以达到节流的目的。如果公司中的每个人都能够为公司考虑，能够成为节流高手，那么相对地这个公司利润必定会增加。否则如果人人都浪费，那么即使是公司到手的利润也会大打折扣。

凯丽长得并不好看，学历也不太高，在一家房地产公司做电脑打字员。凯丽的打字室与老板的办公室之间只隔着一块大玻璃，老板的举止她只要愿意就可以看得清清楚楚，但她很少向那边多看一眼。凯丽每天都有打不完的材料，凯丽知道工作认真是她唯一可以和别人一争长短的资本。她处处为公司打算，打印纸都舍不得浪费一张，如果不是要紧的文件，她会一张打印纸两面用。

一年后，公司资金运营困难，员工工资开始告急，人们纷纷跳槽，最后，总经理办公室的工作人员就剩下她一个。有一天，凯丽走进老板的办公室，直截了当地问老板：“您认为您的公司已经垮了吗？”老板很惊讶，说：“没有！”“既然没有，您就不应该这样消沉。现在的情况确实不好，可并非只有我们一家这样，很多公司都面临着同样的问题。虽然您的200万美元砸在工程上，成了一笔死钱，可公司没有全死呀！我们不是还有一个公寓项目吗？只要好好做，这个项目就可以成为公司重整旗鼓的契机。”说完她拿出那个项目的策划文案。隔了几天，凯丽被派去做那个项目。两个月后，那片位置不算好的公寓全部先期售出，凯丽为公司拿到3800万美元的支票，公司终于有了起色。

以后的四年，凯丽作为公司的副总经理，帮着老板做了好几个大项目，又忙里偷闲，炒了大半年股票，为公司净赚了600万美元。又过了四年，公司改成股份制，老板当了董事长，凯丽则成了新公司第一任总经理。

当有人问凯丽如何通过炒股为公司赢利时，凯丽的回答只有简单的八个字：“一要用心，二没私心。”

的确如此，你如果一面在为公司工作，一面在打着个人的小算盘，怎么能让公司赢利呢？世上有些道理本是相通的。比如，夫妻双方应该彼此忠诚，才能感受幸福；公司和员工也只有彼此忠实，才能相互促进，有好的发展。我们在任何时候都不能失去忠诚，因为它是公司成功的保障，也是个人发展的基石。

在一家业绩卓著的金融机构，有一天老板让秘书公告全公司，所有的纸都要两面用完才能扔掉。表面看来老板极其吝啬，在一张纸上都要做文章，其实并非如此。他解释道：“让文员和秘书知道这样做可以使公司减少支出，相对地利润增加，极其重要。”有了替公司赚钱的责任感，自然会付诸行动。

如果你十分明确自己对公司盈亏有义不容辞的责任，就会很自然地留意到身边的各种机会，而且只要积极行动就会有收获。

一个从事销售的员工，进入公司不久，就取得了不错的销售业绩，得到了老板的褒奖，赢得了老板的信任，并获得了提升。他是这样做的：

在柜台前，顾客走过来要一杯麦乳混合饮料。

他便微笑着对顾客说："先生，您愿意在饮料中加入一个还是两个鸡蛋呢？"

顾客："哦，一个就够了。"

这样就多卖出一个鸡蛋。在麦乳饮料中加一个鸡蛋通常是要额外收钱的。

那么让我们比较一下，上面那句话的作用有多大。

员工："先生，您愿意在您的饮料中加一个鸡蛋吗？"

顾客："哦，不，谢谢。"

可见，积极的行动和赚钱的责任感结合起来是多么重要。

如果你想在竞争激烈的职场中有所发展，成为老板器重的人物，就必须牢记，为公司赚到钱才是最重要的。

如果仔细观察，你就会发现，做老板的不大会迁就人。但他必定会为业绩作出各种妥协，因为老板不会跟自己公司的钱包斗气。

故而开展工作也好，服务于老板也好，必须把努力的目标放在如何帮助公司赚到钱和节省钱上。单做一个听话的职员，在老板心中的印象一定无法达到最佳。

5
用最重要的时间做最重要的事

歌德曾经说过："我们都拥有足够的时间，只是要善加利用。一个人如果不能有效利用有限的时间，就会被时间俘虏，成为时间的弱者。一旦在时间面前成为弱者，他将永远是一个弱者。因为放弃时间的人，同样也会被时间放弃。"

尽管对任何人来说，时间的价值非比寻常，它与人生的发展和成功关系非常密切，然而，时间似乎总是人们最容易浪费掉的东西。可以这样说，大千世界中，没有什么东西比时间更容易被浪费。因此，一个人要成就一番事业，首先就要学会利用时间。

美国著名思想家本杰明·富兰克林有一段名言："记住，时间就是金钱。比如说，一个每天能挣10个先令的人，玩了半天，或躺在沙发上消磨了半天，他以为在娱乐上仅仅花费了几个先令而已。不对，他还失去了他本应得到的5个先令……记住，金钱就其本性来讲，绝不是不能生殖的。钱能生钱……谁杀死一头生仔的猪，那就是消灭了它的一切后裔。如果谁毁掉了5先令的钱，那就毁掉了它所能产生的一切，也就是说，毁掉了一座英镑之山。"

富兰克林通俗易懂地阐释了这样一个道理：时间就是金钱，只有重视时间，才能获取人生的成功。

成功人士之所以能取得成功，很重要的一点就在于他们意识到了时间的宝贵。世界上最重要的东西是什么？是时间。“你热爱生命吗？那么，好好利用时间，因为生命就是由时间构成的。”

好好利用时间，就要对时间进行一番规划。

一天的时间如果不好好规划一下，就会白白浪费掉，就会消失得无影无踪，天长日久我们就会一无所成。事实证明，成功与失败的界限在于怎样分配时间，怎样安排时间。

你也许会对社会上那些著名的企业家、科学家、政治家感到怀疑，他们每天都有那么多事情要处理，却还能将自己的时间安排得有条不紊。不但能够阅读自己喜欢的书籍，进行休闲娱乐，并且还有时间带全家出国旅游，难道他们的一天不是24小时吗？正确的答案是他们比别人更善于规划时间，更善于利用时间。

阿兰·拉肯是美国时间问题研究专家，他在时间调度方面有很多宝贵的经验。这位时间专家在运筹时间上，讲究科学、实效。在制订计划前，他把要处理的事情进行分类，最重要的定为A类，次要的定为B类，再次的定为C类。并将每天的工作也按重要程度分成三类，着力于A类工作，不为C类工作耗费过多时间。他认为，如果长期坚持下去，有可能在半年中干完几年的事。

时间管理的精髓即在于：分清轻重缓急，设定优先顺序。

成功人士都是以分清主次的办法来统筹时间，把时间用在最有“生产力”的地方。

每天面对大大小小、纷繁复杂的事情，如何分清主次，把时间用在最有生产力的地方有三个判断标准：

第一，我需要做什么？

这有两层意思：是否必须做，是否必须由我做。非做不可，但并非一定要你亲自做的事情，可以委派别人去做，自己只负责督促。

第二，什么能给我最高回报？

应该用80％的时间做能带来最高回报的事情，而用20％的时间做其他事情。

所谓“最高回报”的事情，即是符合“目标要求”或自己会比别人干得更高效的事情。最高回报的地方，也就是最有生产力的地方。

第三，什么能给我最大的满足感?

最高回报的事情，并非都能给自己最大的满足感。因此，无论你地位如何，总需要分配时间做令人满足和快乐的事情，唯有如此，工作才是有趣的，才容易保持工作的热情。

通过以上“三层过滤”，事情的轻重缓急很清楚了。然后，以重要性优先排序，并坚持按这个原则去做，你将会发现，再没有其他办法比按重要性办事更能有效利用时间的了。

艾维·利声称可以在十分钟内就给舒瓦普一样东西，这东西能把他公司的业绩提高50%，然后他递给舒瓦普一张空白纸，说:“请在这张纸上写下你明天要做的几件最重要的事。”

舒瓦普用了5分钟写完。

艾维·利接着说:“现在用数字标明每件事情对于你和你的公司的重要性次序。”

舒瓦普又花了5分钟。

艾维·利说:“好了，把这张纸放进口袋，明天早上把纸条拿出来，做第一件最重要的事情。着手办这件事，直至完成为止。然后用同样的方法对待第二件、第三件……直到你做完为止。如果只做完第二件事，那不要紧，你总是在做最重要的事情。”

艾维·利最后说:“每一天都要这样做。您刚才看见了，只用10分钟时间。如果你相信这种方法有价值的话，让你公司的员工也这样做。这个试验你做多久都可以，然后给我寄支票来，你认为值多少就给我多少。”

一个多月以后，艾维·利收到了舒瓦普一张2.5万美元的支票和一封信。信上说，那是他一生中最有价值的一课。

五年之后，这个当年不为人知的小钢铁厂一跃而成为世界上最大的独立钢铁厂之一。

6

主动去做别人不愿意做的“苦差事”

在你的周围，有些工作是每个人都不想做的“讨厌的工作”，大家对这样的“苦差事”都持唯恐避之不及的态度。但是工作总要有人来做，于是，有些人就在心里暗自祈祷千万别降到自己的头上。

在这种情况下，如果你主动去做这些没有人愿意做的工作会如何呢?这不但能赢得同事的尊敬，更能够得到老板的认同和赏识。有时候甚至还会让老板对你心存感激:“多亏了你的暗中帮忙！”

这是你展露才能、勇气和责任心的大好机会。有时候，即使你有这一份心，也未必有这样的差事让你做。所以，碰到这样自我表现的机会时，绝不要有一丝一毫的勉强，要心存感激才对。当然，这样做需要有相应的心理准备，因为这一类的工作，大都是非常辛苦而且吃力不讨好的，即使你付出了全部的心力，也不一定能达到效果。即便如此，你还是应该勇气百倍地默默耕耘。

事实上，这一类工作往往比那些表面看起来华丽动人的工作，更能激发人的斗志及潜藏的乐趣。能够从这样的工作中找到乐趣的人，大多是能够得到老板赏识的人。他们不在乎别人怎么看怎么说，甚至对什么时候才能得到他人的认同，也不多说。因为他们坚信只要付出肯定会有回报，而且付出与回报是成正比的。如果你唯恐自己吃亏而跟着大家一起推卸，那就等于是自己把机会往外推。

当然，人生中谁都难免会碰到徒劳无功的情形。我们每个人都有饿肚子的体会，越是饥肠辘辘的时候，愈能够体会出食物的重要性。这就像是唯有经历过病痛折磨的人，才能够深刻地体会出健康的重要性。同样的道理，唯有经历过逆境的人，才能体会苦尽甘来的乐趣。

古人讲，塞翁失马，焉知非福。人生路途是很漫长的，从眼前来看或许所有的努力都是徒劳无功的，甚至是“瞎忙活”，但日后说不定就会有意外的收获。相反的，眼前看起来很光艳耀眼的事，或许很快就褪色，变成了食之无味、弃之可惜的“鸡肋”。

公司中总有很多费力不讨好的苦差事，常常需要经理们的苦心安排才得以落实，而又有很多露脸的工作不少人争着去做。虽然说环境蕴藏机遇，但机遇并不在舒适的环境里。只有那些肯吃“苦”的人，才能点亮“环境”这盏灯，找到自己事业发展的机会。

所以说，如果你认为做别人不愿做的事就会吃亏，因而与其他人一样地排斥这个工作，那你就和其他人一样，难以脱颖而出。如果你能够主动接受别人所不愿意接受的工作，并能够从中体会到无穷的乐趣，你就能够克服困难，达到他人所无法达到的境界，获得丰厚的回报。

7

不动声色地消除老板的小错误

“人非圣贤，孰能无过；过而改之，善莫大焉。”老板也是人，他也会犯各种各样的错误。作为职员，就应及时发现并通过巧妙的方法帮助老板纠正错误，做老板的得力助手、左膀右臂，如此你才会得到老板的器重。但在纠正错误时要讲究方式方法，能够悄然消除错误是最好的了。老板终究是老板，他有自己的“面子”，如果你很直白地指出老板的错误所在，那么老板不仅不会接受，甚至会对你暴跳如雷。聪明的职员会通过老板乐于接受的方式来纠正他的错误，使老板与员工“皆大欢喜”。

错误有大小之分，并不是说每一个错误都要在老板那里请示汇报了以后才能更正。如果是一眼就能看出的、很明显的错误，那么下属可以自行纠正，将这种错误消除在悄无声息中。老板大多都是日理万机的人，如果你总是拿些小的问题去请示老板，老板会认为你这人丝毫没有主见，不是可塑之材，那他便会渐渐疏远你了。

有一个老板在会上将一组财务数据讲错了，一个做财务工作的下属没有马上纠正，而是在做财务报表时，将老板说错的数据纠正了过来。老板看到财务报表时才知道自己在会上说错了，从而对这个员工的好感大增。

在某公司任行政秘书的小林也有过类似的经历。

小林是某公司的行政秘书。他们公司的张老板是一个出类拔萃的人，但就是有一个小毛病，那就是平时粗心大意，对事情的细节问题不太关注。

一日，张老板要举行一个贸易洽谈会，对会议内容等大体罗列了一个提纲，要求小林拟定一个会议邀请函。在起草的过程中问题出现了，提纲中列出的洽谈会日期为1月14日。“可现在都7月2日了”，小林想。经过他认真比对，发现老板本来是想写7月14日，但因为粗心，一下子将7写成1了。于是他便自己决断将日期改写为7月14日。

正如他料想的那样，老板只是一时疏忽，日期的确是7月14日。这样，邀请函按时无误发了出去，小林的聪明举动避免了公司不必要的损失。

日常工作中像小林发现的这类小失误并不少见，如老板写错一个字或一句话的意思表达不准确需要修改等。这时你大可不必声张，将它悄然改过就行。当然，这需要你有很好的判断力，认定确实是老板错了。如果你曲解了老板的意思，将老板本来正确的话语擅自改错，那就弄巧成拙了。所以，在这其中把握一个“度”是很关键的。

不要因为是老板的错误就不去纠正，这话说起来容易做起来难。因为是老板，有的员工就有敬畏或恐惧的心理，避而远之唯恐不及，哪里还会去给指正什么错误。其实这样的想法是不正确的。不要因为是老板的错误就不去纠正，因为错误终究是错误，没有人去纠正它自己永远都正确不了。而且只要你的方法得当，一般的老板也是不会介意你纠正他的错误的。

小的错误也许可以忽略，但如果是关乎公司命运的错误，那么就算是“犯颜直谏”，也要把它纠正过来。这样，当老板得知是你纠正了错误从而使公司避免了损失时，他不仅不会责怪你反而会对你更为赞赏。

老板在处理问题时，出于种种原因，有时也会有不明智之举，容易导致工作的失误、中心的偏离或因小失大危及全局。此时，如果下属能不失时机、恰到好处地指明问题的关键所在，也许寥寥数语就能使老板“迷途知返”，并将你视为忠臣、知己，在内心的功劳簿上为你记上一笔。

秘书小王就有过一次这样的经历。

有一次，公司里召集各科室的负责人开会，准备安排下一阶段的工作任务。在会议开始的汇报工作中，有一位科长工作责任心不强，几项交办的工作没做好，还捅了娄子，结果导致经理发了不少的脾气，使会议气氛十分紧张。秘书小王目睹此景，便建议休会，先休息十分钟。在休息的间歇，秘书小王递了一个纸条给经理，上面写着："刘经理，会前您曾说过，这个会议的主要议题是布置工作，动员干部，刚才的会议气氛有点儿紧张，不利于这次会议的顺利进行。有些问题似应专门开会或会后再解决。"

当复会后，小王发现刘经理已恢复了正常，并把会议引导到了正常的议程上，会议最终圆满地结束了。会后，当只剩下两个人的时候，刘经理对小王表示了感谢，小王也越来越受经理的赏识了。

正是小王在这关键时刻的适时提醒，使刘经理又重新回到了会议的主题上。

职场中的你也应在这样的情况下给老板合适的意见，这样老板自然视你为公司的"顶梁柱"了。

人都爱面子，尤其是在众人面前的时候，老板更是如此。因为他要很好地驾驭自己的下属，就要很好地在员工面前树立自己的形象，维护自己的权威。如果老板犯了错，纠正是必需的，但纠正的时候更要注意给老板台阶下。只有这样，他才会欣然接受你的意见。

某公司召开年终总结大会，老板讲话时出了个错。他说："今年本公司的合作单位进一步扩充，到现在已发展到46个。"话音未落，一个下属站起来，冲着台上正讲得眉飞色舞的老板高声纠正道："讲错了！讲错了！那是年初的数字，现在已达到了63个。"结果全场哗然，老板羞得面红耳赤，情绪顿时低落下来，他的面子被这一句突如其来的话丢得干干净净。

这个下属的命运也就可想而知了。而下面这位大学生所犯的错误也是不注意给老板台阶下。

有一位大学生，毕业分配到了一家贸易公司。他能力很强，也很上进，工作十分努力。但干了几年还是没有提升的机会，当时与他一起进公司的人有的都做了主管，可他还是一个最底线的员工。其实，同事们都知晓其中的原因，只是他老是想不清楚。

有一次，他的主管正和公司老板一起检查工作，当走到他的办公室时，他突然站起来，对自己的老板说："经理，我想提个意见，我发现咱们公司的管理比较混乱，有时连一些客户的订单都找不到。"也许他说的是事实，但此事的结果是谁都能想得到的。

上面两个人都因方法不对，在公共场合直接指出老板的错误，不给老板台阶下，最终落个"败北而归"的结果。因此给老板纠正错误，要特别注意场合问题，凡事给老板留个台阶。如果一味地不留余地，一竿子捅到底，到头来只能是自食其果。

8

做老板不可或缺的人

在一个公司中，如果老板的确需要你，那就意味着你会有大的发展。

任何员工的作用都是协助或协同老板达到事业上的某一目标，要做到这一点，首先就要认同老板的事业目标和价值。也就是说，老板认为要快速增长，你就不能认为要循序渐进；他认为文章必须讲究，你写的报告、文字材料就不能马马虎虎。

其次，要善于帮他补“死角”。老板如果向外发展，你就要守好大本营；老板大刀阔斧往前冲，你就要做些“绣花”的功夫，把工作做细做好。

在与老板相处的过程中，员工只有很好地运用为人处世的技巧，才能够很好地向老板显示出自己存在的价值。

那么，怎样才能更好地运用这种为人处世的技巧呢?

在与老板交往的过程中，员工要有意识地训练自己。让自己具有敏锐的洞察力，这样就能够很好地领悟老板的心思。善于洞察老板的真正需要和真实情感，以至能比较透彻地理解老板的意图，甚至能较客观地理解他对你怀有偏见的评价。

总而言之，聪明的员工懂得做一个老板最需要的人。绝对不要等老板吩咐，而要自己主动去做，这样才会被老板重视、重用，才能为老板所信赖，才有成为老板心腹的可能。

（1）做一个能带来利益的能人。

所谓能人，应该是一个能带来利益的人。很简单，能人就是在某些方面能力超群的人。这种人在一个团队之中所起的作用是特殊的，他们或者能够解决各种难题，或者可以打开工作的新局面……

一句话，这种人能够为各方面的人带来利益。

（2）做一个踏实的人。

作为员工，如果想成为老板的提拔对象，被老板当做心腹，在平日里就要显示自己的才智，还要显示出自己的高尚品德。这些都是老板日后提拔你的条件和基础。

所以，作为员工，就必须精心、踏实地去工作，尽量不要出现差错。最好做出一些令别人赞赏的成绩，多做一点别人不愿意干的事情，多努一把力，多做出一些牺牲。

（3）有特殊才能的人。

无论做什么事，只要你掌握了特殊的本领，就会得到重用，这与俗话所说的“有艺不孤身”有异曲同工之妙。在老板的心目中，能人是企业的顶梁柱，是推动企业发展的核心人才。

正所谓，是金子就一定会发光。一个具有特殊才能的人何时何地都会成功。这样的一个能人，试问有哪个老板不喜欢、不需要呢？

（4）具有冒险精神的人。

一个员工要得到快速发展，积极进取的冒险精神是必不可少的。

通常说来，缺乏冒险精神的人往往会因为胆怯而被束缚住手脚，因而也比较缺乏主观能动性，缺乏创新手段。如果一个员工稍微缺乏一些冒险精神，我们或者可以称之为稳重、谨慎、心思细密，但若常常拘泥于此，从而被胆怯束住手脚，不敢放胆去干，不能果断地应对出现的各种突发事件，从而让事情失去先机的话，那这个员工就必然不能成就大事。一个不能成就大事的员工，又怎么能被老板视为不可或缺的人才呢？因此，聪明的员工就一定要明白，有见识的老板不会重用缺乏冒险精神的人。

通常情况下，一个踏实的工作者应该具有以下特点：

①爱自己的工作；

②别人不干我来干；

③埋头苦干也快乐；

④做一个有威信的人。

如果你是一个受人尊敬的人，那么你在老板和同事当中一定会有比较高的声望。老板选择提拔的对象时，个人声望也是重点考虑的因素之一。如果你的声望高，老板为了取得大家的支持，就不得不重视你，将你视如心腹。

如果希望成为一个有威信的员工，下列途径可以使你享有较高的威信。

①以品德立威；

②以才能立威；

③以学识立威；

④以情感立威；

⑤以信用立威。

9
让敬业成为一种习惯

有个手艺精湛的老木匠准备退休，他告诉老板自己要离开建筑行业，回老家与妻子儿女享受天伦之乐。老板舍不得他的好工人走，一再挽留他，并问他是否能帮忙再建一座房子，老木匠说可以。但是大家后来都看得出来，他的心已不在工作上，他用的是软料，出的是粗活。房子建好的时候，老板把大门的钥匙递给他。

“这是你的房子，”他说，“我送给你的礼物。”

他震惊得目瞪口呆，羞愧得无地自容。如果他早知道是在给自己建房子，他怎么会这样呢？

同样如此，现在不论是大公司还是小公司，对员工的要求中最重要的一条，就是要敬业。因此，我们应常常反思在自己的工作领域是否做到了尽职尽责？我们如果不能意识到自己的不足之处，并且努力加以改正的话，那么往往无法得到一份令人满意的工作。

所谓“敬业”，就是要敬重自己的工作。敬业是人的使命所在，是人类共同拥有和推崇的一种精神。敬业就是要像对待生命一样来对待自己的工作，不为自己寻找任何借口来逃避工作，其具体表现为忠于职守、尽职尽责、认真负责、一丝不苟、善始善终等，其中糅合了一种使命感和道德责任感。这种道德感在当今社会得以发扬光大，使敬业精神成为一种最基本的做人之道，也是成就事业的重要条件。

在墨西哥奥运会上，夜已经非常深了。直到这时，坦桑尼亚的马拉松选手艾克瓦里才吃力地跑进了体育场，他是最后一位到达终点的运动员。

这场比赛的冠军早就拿到了奖杯，庆祝胜利的仪式也早已结束。艾克瓦里一个人孤零零地抵达体育场时，整个体育场几乎空无一人，显得格外空旷。艾克瓦里的双腿沾满血污，绑着绷带，他努力地绕着体育场跑了一圈，跑到了终点。在体育场的一个角落，享誉国际的纪录片制作人格林斯潘远远看着这一切。在好奇心的驱使下，格林斯潘走了过去，问艾克瓦里为什么要这么吃力地跑至终点。

这位来自坦桑尼亚的年轻人轻声地回答说："我的国家从两万多公里之外送我来这里，不是叫我在这场比赛中起跑的，而是派我来完成这场比赛的。"

没有人敢再去嘲讽这个选手的成绩，这位选手用自己的行动诠释了"敬业"的深厚内涵，也赢得了人们的尊重。

这位选手的行动告诉了我们：敬业是一种责任精神的体现。一个对自己工作有敬业精神的人，才会真正为公司的发展做出贡献，自己才能从工作中获得乐趣。敬业是对自己责任的一种升华。责任在某种程度上有一定的强制意味，但敬业却是我们的一种主动精神，不仅要完成自己的工作，而且是以一种高度负责的、自动自发的精神来完成自己的工作。

中国海尔CEO张瑞敏说："所有的产品都应该是精品，有缺陷的产品等于是废品。"只有具有敬业精神的员工才能够生产出精品，也正是这种敬业精神创造了海尔产品的"零缺陷"神话。海尔的员工深知：1%的差错会造成100%的问题。海尔产品的"零缺陷"和消除"1%差错率"正体现了海尔员工的敬业精神。

敬业是我们的一种做人之道，也是成就我们事业的重要保证。

警察应该恪尽职守地维护社会的稳定，行政官员应该勤政爱民，军队应该捍卫国家的主权和领土完整，教师应该尽职尽责地教书育人……

东芝株式会社的社长土光敏夫对员工的敬业精神要求特别高。他说：为了事业的人请来，为了薪水的人请走。真正具有敬业精神的人，即使当公司面临困境时，也会同公司风雨同舟，患难与共。而心里只有薪水的人，心中有的只是福利和待遇，公司遇到困难时，就是他们拍拍屁股走人的时候。

这就是敬业和不敬业的区别。

然而，在我们的工作中，始终有一部分人缺乏这种神圣的使命感，把自己当成局外人，在工作中缺乏激情，有的只是被动地应付，甚至投机取巧、逃避责任，以至在工作中患得患失，心怀不满。

这些人不明白这样的道理：工作是我们自己的事，我们不仅能从工作中得到乐趣，而且能从工作中获得成就感。

敬业给我们带来的满足感不只是来自于薪水，而是工作本身给我们个人带来的满足感和成就感。

事业的成败往往取决于我们的个人人格。一个勤奋敬业的人也许并不能获得老板的赏识，但至少可以获得他人的尊重。

不论我们的工资多么低，不论多么不受老板器重，只要我们能忠于职守，毫不吝惜地投入自己的精力和热情，渐渐地我们会为自己的工作感到骄傲和自豪，就会赢得他人的尊重。受人尊重会获得更多的自尊心和自信心。以主人翁和胜利者的心态去对待工作，工作自然而然就能做得更好。

一个对工作不负责任的人，往往是一个缺乏自信的人，也是一个无法体会快乐真谛的人。这样的人在不快乐中工作着，最终还是过着并不幸福的生活。即使偶尔做出一点成绩，但还是品尝不到快乐，更谈不上什么成就感和自豪感，在这些人眼里“那都是为别人创造的”“是别人的幸福”。如果我们在工作上能敬业，并且把敬业变成一种习惯，我们会一辈子从中受益的。

敬业，表面上看是为了老板，其实是为了自己，因为敬业的人能从工作中学到比别人更多的经验，而这些经验便是我们向上发展的踏脚石，就算我们以后换了地方、从事不同的行业，我们的敬业精神也必会给我们带来帮助。把敬业变成习惯的人，从事任何行业都容易成功。

具有敬业精神，或许不能立即给我们带来可观的好处，但可以肯定，如果我们养成了一种“不敬业”的不良习惯，我们的成绩会相当有限。那种散漫、马虎、不负责任的做事态度会深入我们的意识与潜意识，做任何工作都是“随便做一做”，结果不问自知。

我们应该把敬业变成一种习惯，这样就会从中学到更多的知识，积累更多的经验，就能从工作中找到更多的快乐。

让我们向那位伟大的坦桑尼亚运动员致敬吧！他给我们上了很好的一课，他让我们知道：“我们的任务是完成比赛！”而不是像老木匠那样应付差事。

第三章

让尽职尽责成为工作习惯

1
工作就意味着责任

责任是指一个人分内的事，或者说是非履行不可的义务。既然如此，我们为什么会经常听到有人在问“这是谁的错”呢？当问题出现时，会有许多人抵赖狡辩，或者为了推卸责任而指责别人。人们在面对错误时，不外乎这三种情况：大多数情况是没人承认自己犯了错误；少数情况是有人知道自己错了，但没有勇气承认；极少数情况才是有人站出来承认自己错了。

一家香港公司驻内地的办事处，共有两位员工，一位主管和一位职员。办事处刚成立时需要申报税项，由于很多这样性质的办事处都没申报，再加上当时这家办事处还没有营业收入，所以也就没申报税项。两年后，在税务检查中，税务局发现这家办事处没有纳过税，于是做出了罚款决定，数额有几万元之多。办事处的香港老板知道这件事后，就单独问这位主管：“你当时是怎么想的，导致现在发生这样的事情？”这位主管说：“当时我想到了税务申报，但职员说很多公司都不申报，我们也不用申报了。考虑到可以给公司多省钱，我也就没再考虑，并且这些事情都是由职员一手操办的。”老板又找到这位职员，问了同样的问题。这位职员说：“从为公司省钱的角度，再加上我们没有营业收入而其他公司也没申报的情况。我把这种情况同主管说了，最终申不申报应由主管做决定，他没跟我说，我也就没报。”

这种主管和职员之间的互相推诿就属于那种“绝大多数情况”，即便错了也不愿意承认，更不用提承担责任了。

工作中的事情没有尽善尽美的，也许每一天你都会遇到麻烦。你可能会想：“为什么倒霉的总是我呢？”犯了错误、判断失误、记错事情、受人干扰分了心，没办法做到无所不知，因而有时会犯常识方面的错误……。诚然，有许多在所难免的错误可以澄清、解释并改正。但若故意捣乱，编造借口或寻找漏洞以逃脱惩罚就不可原谅了。

人们在逃避指责时，经常会含糊其辞，或者故意隐瞒关键问题，或者干脆靠撒谎来逃脱批评与惩罚。比如，工作拖拉的人多半不会轻易承认：“我才不在乎我的延误会不会对别人造成影响呢。我偷懒的时候，从来是只图自己舒服的。”相反，他们常常会说：“我家里出了一些事情。”或是其他一些夸大其词的谎言。

为了不受到谴责，多数人都会使用一些欺骗手段，尤其是当他们是明知故犯的时候。当一个人明知故犯时，除了编造一个敷衍他人的借口之外，有时他还会给自己找出另外一个理由。

德拉没有按时完成小组工作计划中自己那一部分任务，她给自己的理由是她需要时间进入状态。而当同事们问起她延误的原因时，她却对他们说自己生病了。

编造借口可以得到原谅。一旦得到原谅，那些工作拖拉的人们就能免受惩罚。但是，随着编造借口逐渐习惯成自然，撒谎的技巧渐趋熟练，也就积习难改了。一旦养成为逃避公正的谴责而撒谎的习惯，就等于做出了一个危险的选择：离辞退解聘已经不远了。

人生在世，孰能无过。从你出生时起，你就在与周围的世界产生积极的互动。环境会对你产生影响，但是你往往更会对周围的事物产生影响。你能够在众多选择中做出自己的决定，这就是所谓的“自由意志”。这说明你拥有主宰自身行为的能力，因而完全能够对周围环境产生影响。

所以，你应该对自己的行为负责。你做出决定，就理应承受相应的责备或赞扬。为了免受责备，有些人总是会掩盖真相、敷衍搪塞、编造借口、无中生有、言不对题，或者真真假假，闪烁其词。然而，这些欺骗伎俩并非总能奏效，相反其目的却已昭然若揭：不过是想方设法逃避谴责与惩罚罢了。

承认“我错了”意义非常重大。因为人人都难免犯错，所以大多数人都能原谅别人的过失。勇于承认错误可以提高一个人的信誉，并且有助于自我完善。相反的，明知是错而将错就错，只能导致失败。

李某是一家快餐店的组长，他接任这个职务不久，为了显示自己对快餐店有建树，要下属每天提前15分钟到快餐店，让他们利用这15分钟自省自己，改善当天的服务水平。然而，一个星期下来，店员们怨声载道，他们都不知道每天提前上班，对工作有什么好处，而目标又能达到什么程度。

李某深知所提出的意见不为下属所接受，也觉得提前15分钟的行动对店方没有什么帮助，更不能明确自己做事的目标。碍于面子，他坚持将这一决定继续下去。由于北京的快餐店很多，员工的短缺情况颇为严重，一些本来是李某属下的人，纷纷转职到其他快餐店工作，从而造成了员工流失。

一个人对待错误的态度可以直接反映出他的敬业精神和道德品行。不论是老板还是员工，对于自己应该承担的责任就该负责，而不是想着找个理由去推托。

或许错误的确不是自己犯的，你是在替别人背黑锅。这时，你也不要有理声高，急于替自己辩解。最好的办法是顾全大局，着眼于整个公司的利益，耐心等待。等事情妥善解决之后，真相已大白于天下之时，再还自己一个清白。

一个人有没有负责心，不仅决定他的人际关系质量，也是决定个人成长与否的关键因素之一。如果你违反了单位纪律、工作规则，就要勇于承认错误，对自己的过失负责；相反，被人揭穿了仍死不承认，才是不明智的。谁都可能会在工作上有一些失误，关键是你的态度。如果只会一味地抱怨别人，不从自己的身上找缺点，就会引起同事的不满，下次合作的时候就不会很融洽。在工作中，一个人一旦被孤立起来，找不到志同道合的合作者，他就离辞职不远了。很多有远见的人懂得在恰当的时机下勇于承认错误，愿意承担责任，这样的人往往会得到同事的理解与尊敬，从而拥有良好的人际关系。拥有良好的人际关系，下一次做事的时候就不会身陷孤立。

2
全力以赴地做好本职工作是合格员工的第一步

能够做好本职工作，是员工自身价值最完美的体现，也是员工应有的办事效力。为老板创造更为实在的利润，才是实际生产中最为重要的一项准则。

老板们对那些办事效率很高，能够做好本职工作的员工都很欣赏。把工作做好就是公司中最大的节俭行为，因为效益就在其中。这里要充分明白“做完”并不代表“做好”，而是做出来的工作不用翻来覆去地修改、不用返工，可以达到直接利用、创造经济利润的程度。

在各行各业、有人类活动的每个领域都在呼唤能认真做好本职工作的员工，每个公司的老板也都在积极寻找这样的员工。

曾经看到这样一则招聘广告：

“××大型国有公司招聘档案管理员，工作强度不大，但要求尽职尽责、能够做好自己的本职工作……”

事实上，不仅对档案管理员有这样的要求，所有职业和工作都需要员工们能够尽职尽责。捷克PPF公司财务总监齐格勒先生说：“如果你能够尽到自己的本分，尽力完成自己应该做的事情，总有一天，你可以随心所欲地从事自己想做的事情。”这句话说得很有道理，每个老板都喜欢具有敬业精神的员工。当你得到一份工作的时候，你的第一步行动应该是努力地做好这份工作，只有这样做才能得到老板的认可，才有升职加薪的机会。

如今很多人，尤其是年轻人，一心盼望着自己能升职甚至飞黄腾达，获得更多的物质财富。但他们通常没有考虑过这些宏大的愿望要通过怎样的途径才能实现。与你想获得的财富相比，老板想获得的远比你想要的那点儿要多得多。而你只有全力以赴、尽职尽责地做好目前的本职工作，哪怕是在极其平凡的工作岗位上，也要争取创造更多的效益，这样自己的价值才能被充分地体现出来，宏大的愿望才能得以实现。否则，谁也不会为一个连本职工作都做不好的人提供更多的钞票！

小高是A公司策划部新招来的一名刚毕业的大学生。她到公司已经两个多礼拜了，但还没有进入工作状态，仅做着一些例如考勤、收发邮件、传真之类的闲活儿。这也不能全怪她，每次她都想向同事们请教具体业务上的事情，但当她看到同事们每天都埋头忙碌着，似乎没有时间闲下来指导她，她便打消了念头……

有一天，正当她翻阅从公司电脑旁发现的一本计算机操作手册时，桌上的电话铃响了。小高拿起了话筒：“这里是A公司的策划部，请问有什么能为您效劳？”

“我是C公司销售部的小刘。麻烦你叫一下策划总监，我找他有点事。”

“真对不起，现在策划总监出去了，您看我能帮得上您什么忙？”

对方迟疑了一下，还是说话了：“我本来想让他帮我联系一下你们公司在长沙的分公司，我们公司和那边有些很重要的业务合作，你现在能不能把你们公司在长沙分公司的联系电话告诉我呢？我直接和他们联系好了！”

小高赶忙找那本整天都能在办公桌上见到的公司简介，可是手忙脚乱的她，却一时找不到了。只能遗憾地向对方说：“我是新来的，我不知道那边的办公电话，真对不起！”

“那么你们公司有没有知道的呢？请他们接下电话。”

小高这才想起了同在办公室的同事，同事接过电话很干净利落地回复了！

后来这件事被策划部的老板知道了。公司老板对小高说：“你知道吗？那天C公司销售部的小刘打来的电话，直接关系着我们公司一大笔生意的成败。然而当他说有个新来的，居然不知道我们在长沙分公司的联系电话时，我十分恼火。你都来公司这么长时间了，还没进入工作状态，这虽然不能全怪你，但你在这段时间内应该大致了解一下公司的具体情况吧！比如公司的组织结构、哪里有分公司、怎样联络、公司都负责哪些业务……但你除了打打杂，还能做些什么？以后再让我从别人嘴里听到类似的话，你就自己主动在我眼前消失吧！”

小高肯定是满腹委屈，但是没有哪个老板会聘人在自己公司里吃闲饭的。小高受到这样的责罚还是轻的，要怪只能怪她自己没有认真处理好自己的工作。

整个公司就像是一部机器，每个零件的作用都是不一样的。你在公司这部机器上是什么位置、是哪个“零件”，自己首先要弄明白。如果你是超市的营业员，与你直接接触的一是产品，二是顾客，所以你的工作就是管理好商品、留住顾客，让他们能够在超市里满意地消费。如果你不清楚商品的种类，商品摆放的位置，商品还有没有库存以及这种商品是否畅销等诸多情况，那么这就是你的失职了。

只有清楚自己在公司里处于怎样的位置，在这个位置上应该做些什么，然后才能把自己应该做的事做好，才会有机会获得职位和薪金的双面提升。

乔顿在贸易公司上班，他对自己的工作一直不满意，因为每次公司里有什么特殊奖励都没有他的份，所以他便认为老板一直不重视他没把他放在眼里。因此，乔顿一直在心里盘算着：改天一定要对着老板拍案而起，然后把老板炒掉。

乔顿一位很要好的朋友猜透了他的心思，便问他："你对你们公司业务完全了解了吗？对于国际贸易的窍门精通了吗？"乔治的回答是否定的。

"你明白为什么老板没有把你放在眼里的原因了吧！为什么不下点工夫把公司的贸易技术、商业文书和公司运营全都精通了呢？如果那样的话，你看老板会不会重视你！"

朋友的一番话点醒了乔顿，乔顿没有再刻意关注老板的态度，而是更加关注如何来做好自己的工作。

半年后那位朋友和乔顿又碰面了，朋友调侃地问乔顿是否还想拍案辞职。

乔顿深有感触地说："我觉得近半年来老板好像换了个人，不断地对我委以重任，不仅加了我的薪还升了我的职！现在真舍不得走了。"

每个老板都一样，谁能为他们创造利润，他们就重视谁、喜欢谁。认真负责、高质量地做好自己的工作，无疑是我们自身价值最完美的一种体现方式，也是得到老板认可、实现更多物质愿望的一条最佳捷径。

3 工作时间，做到专时专用

工作时间丝毫马虎不得，要充分利用起来提高工作效率。否则，工作落在同事的后面，别说升职加薪，恐怕连下个月的薪水都无处去领。

要知道，从你踏进公司的那天起，你的时间就受到了限制。在工作期间，一分一秒都是公司的，绝不可因私事而耽误上班的时间。

小吴在编辑部里工作，薪水按说也不算少了，但是他并没有很安心地做事，平时总想着趁年轻在上班之余多打几份工，赚些辛苦钱。这也是无可厚非的事情，毕竟谁不想多赚些钱呢！但是他却在方法上错了……

小吴的工作简单且自主：老板经常给他一个规定的时间，安排他写一些材料，唯一的要求就是如期交付合格就可以，一般时间都不会太紧，当然也有个别要的急的。他接到任务后总是拼命忙活，除了睡觉几乎挤掉了所有的休息时间，然而完成后却并不忙着交差复命。那样做不是小吴工作积极性高，而是为了不耽误交差时间且做起别的事情会更放心。

如果“第二产业”留在下班时间来做，上班时间做老板的事情，那样也就没什么了，可是小吴却偏偏相反。小吴内心很清楚：在上班时间做私事很危险，所以最重要的是不要被老板抓住。因此小吴便求公司里一个要好的同事帮忙，让他在工作之余顺便给他“站岗放哨”，老板若是来了提前示警通知他（因为那位同事的办公室在大厅里，很容易观察到老板的举动）。

此法一出，小吴更是肆无忌惮地在办公室里开辟“第二产业”，不用担心老板的突击检查了。一旦老板准备到他这里来，同事便会提前示警，小吴就会迅速地将电脑画面切换到要交付的任务上去，真是万分保险。

可是“万”里毕竟有个“一”。有次老板又给他布置了一个任务，挺轻松的一个任务却给了他三天时间去完成。小吴只用了一天就把这个任务摆平了，其余的上班时间全用在了“第二产业”——兼职稿件上了。

老板的车最近几天都没有出现在公司的门口，小吴以为老板一定是出门办事去了，就更加放心大胆地忙活开了。谁知当他做得正起劲的时候，忽然瞥见老板在背后冷冷地看着他，小吴的心里有一种毛骨悚然的感觉。老板没说什么，转身离开了。

小吴后来才知道，那个“站岗放哨”的同事那天调休……

等小吴交完了手头的这个任务，老板便要他去财务那儿领三个月的薪水。然后对他说，以后可以不用在上班时间偷偷摸摸做别的工作了。

不管老板在不在，不管主管在不在，你都应该全力以赴地为公司、老板去创造更多财富，这才是工作的第一原则。如果你是在为别人工作时，只能在别人的监管控制下才肯努力工作，那么你注定一辈子都不会有什么作为。

如果不踏实本分地赚一份钱，也会引起一些不必要的误会：

小刘是一名很有能力的会计，在一家小公司做的得心应手，几乎成了老板身边不可或缺的人。但是毕竟公司的实力有限，不能给小刘更多的报酬。有一家很有实力的公司看中了小刘，许诺了更高的薪金要挖她去那边工作。经过再三思量，小刘还是没能抵挡住酬劳的诱惑，毅然决定辞职去更有前途的公司了。原公司的老板对她恋恋不舍，小刘对这家公司也是日久生情，不过最后还是略带愧疚地离开了。

离开那家公司不久，原来的老板突然找到她，说公司一直没有找到合适的会计，希望她能利用业余时间回公司打理一下账目——当然这不会是白干的。小刘碍于面子，另外也想轻松赚些钱便没有推辞，时常利用休息时间回去打理账目。

后来，在一次投标中，她原来的那家小公司以微弱的优势战胜了她现在的这家公司，本来现在所在的公司志在必得，可是却因为没有争到这个项目而损失惨重。当现在的老板知道小刘同时还在为原来公司工作的情况后，训斥她不该“脚踏两只船”向原来的公司泄漏公司机密。虽然小刘心里清楚她回原来的公司只是打理账目，并没有谈这边公司的事，可又有谁能够相信她呢?

踏踏实实赚一份钱，比贪婪的利用办公时间去开辟“第二产业”更容易受老板和同事青睐。办公室中最怕的就是这种情况的发生:

①让同事见了有一种不务正业的感觉。

②这样工作的效率和质量谁也不敢恭维，是一种应付差事的表现。

③利用老板花钱雇用的时间做私人事情不合乎道德要求，如被老板发现，无论老板怎样处理也不会有人同情。

金融界的杰出人物罗塞尔·塞奇说:“单枪匹马既无阅历又无背景的年轻人，起步的最好方法是第一，谋求一个职位；第二，珍惜这份工作；第三，养成忠诚敬业的习惯，不把工作时间私用；第四，认真观察和学习；第五，成为不可替代的人；第六，将自己培养成有礼貌、有修养的人。”

只要你在工作中做到了这些，赚得的那份工资也会与日俱增，还会得到老板和同事的信任与欣赏。

在公司里不要利用上班时间做私事，更不可溜出去做自己的事，也不可以趁机用公司的电话讲私人的事情。

小敏在一家大公司任职，平时工作很紧张，但紧张之余小敏还是不忘记打电话给朋友，然后眉飞色舞、手舞足蹈地聊上很长时间，扩展自己的交际范围。所有的朋友都知道小敏有这个习惯，他们也会在工作时间打电话给她，和她谈一些无关紧要的事情。

在同事的印象中，小敏总是在抱着公司的电话说笑。在她心情舒畅地跟朋友说笑时，小敏忘记了自己的周围有同事，这既耽误了自己的工作也影响了同事的工作，而且她朋友的工作也会被影响。

同时，因为小敏总不放下电话，与公司有关的业务电话也就有可能接不通。终于有一天，小敏这样的行为使公司漏接了一项大的业务，公司开始彻查此事，小敏受到了严惩。

小敏就是因为没有很好地区分开工作时间和私人时间而闯下了大祸。如果你不把工作时间做私事当回事，不去认真对待，那么你也很有可能会出现像小敏那样的下场。

一位老板曾经这样评价一位当着他的面打私人电话的员工："我想他一定经常这样做，否则他怎么连我也不防？也许他没有意识到这有悖于职业道德。"

另有某公司的老板说："我不喜欢看见报纸、杂志和闲书在工作时间出现在员工的办公桌上，我认为这样做表明他并不把公司的事情当回事，他只是在混日子。"

对老板来说，工作时间处理私人事务，很大程度上反映出员工工作的心态。有些老板通常把私人事务的多少作为一位员工是否积极上进、安心本职工作的考核标准。因此，公私不分，工作时间处理私人事务，既影响你的工作质量，也直接影响了你在老板心目中的形象。如果因此给公司造成了较大的损失，卷铺盖走人也就在所难免了。

4

及时把握老板的意图，解决老板的困扰

工作为了谁？说到底，当然是为了自己。但是你不能狭义地理解这里的“为自己”只是为了工资工作。

要知道，你只有变换考虑问题的角度，多为公司、为老板着想，你的职业前途才更光明，才能真正达到“为自己”的最佳效果。

在你接到一项任务后，你用心去做了，也能为老板着想，但有时仍不能满足老板的要求，其原因大多是你对自己的老板缺乏必要的了解。

作为一个打工者，要经常面对老板。做工作要得到老板的赏识，配合他的思想和原则，必须了解老板的所思所想，懂得察言观色。

有些深得老板器重的下属往往在老板提出问题之前已经把答案得出。一般说来，向下属交代事情，总是需要耗时费力，生怕下属不理解或理解得不透彻。如果你能准确地把握老板的意图，就可以大大减轻老板的精神负担，让他可以腾出时间去思考别的事情。

要熟悉老板的性格，应该主动与他多接触、多谈话，要克服因老板威严而造成的心理屏障和自己无可避免的自卑感。

只有与老板熟悉了，从老板的举手投足、回眸顾盼中都可知晓其心理，达到内在的沟通，你才能成为老板的宠儿。

但有时候，你必须首先解决好与老板的沟通障碍问题。

27岁的朝晖是一家公司的秘书，她的经理是军人出身，他对人讲话总是不自觉地有一种咄咄逼人的味道。每次开例会的时候，他都会大声对朝晖说她有什么事情应该做而没有做。这导致朝晖工作的时候很紧张，特别是当经理一站在她的身边问话，朝晖就感到脑子里一片空白。“这样在他的面前我就像一个白痴！”朝晖感到很委屈，“我不能和他讨论任何问题，我不知道他为什么这样对我！真想换一个工作。”

后来朝晖明白，她的经理作为一名出色的行政人员，只是认为这种咄咄逼人的谈话方式令他的工作更加有效率。朝晖解释说，尽管我依然不喜欢，但感觉自己好多了。甚至有一次我很坦率地告诉他：“我想你可能没有意识到这一点，但是每当你提高声音对我说话时，反而让我没办法很好地答复你的问题。”结果，虽然朝晖的经理仍然用那种方式讲话，但是他们之间的关系融洽了很多。

在写字楼生涯里我们遇见过许多类似朝晖这样的情况，但换一个工作是否能够真正地解决问题？不用专家建议我们都知道这是不现实的。在这类事情中，我们首先应该让自己远离一种“受害人”的角色。所谓“受害人”，指我们总认为别人是在针对自己，特别是顶头老板——“他总是大声指责我”“我几乎不敢和他交流”等。

我们首先应该弄清楚老板真正的用意。因为一旦你认为老板是在针对你个人，那么以后你就很难与他进行有效地交流，这样只会使问题更严重。在你最终决定采取行动的时候（比如辞职），你应该回头看看作为一个老板，他这种表达方式的用意是什么。

话不说不清，理不辩不明。沟通有时能起到意想不到的效果，尤其是上下级之间有了误解甚至隔阂的时候。而这时沟通的艺术性就显得非常重要。

面对老板的冷淡态度，你千万不可横眉冷对或无动于衷。积极的态度应当是心平气和地找老板进行沟通。注意，一定要找个适合谈心的场所，并选择好时机，在整个谈话过程中营造出随意自然的气氛。自己的工作业绩得到老板肯定和表扬时，得衷心感谢老板的帮助和栽培，这不是奉承。要让老板明白：你是真心真意感谢他，不是一个忘恩负义的人，你的每一点进步都与他的培养密不可分。

然后，你要诚恳地指出自己的缺点和不足（每个人身上肯定能找到一两点），希望老板能继续对你严格要求，帮助你改掉缺点，使老板处于一个帮助人的位置上。这样，他就会尽其所能为你创造机会，由此他很容易看到你的进步与他是分不开的，从而获得一种成就感和满足感。

凯丽为一家销售公司做文案工作，在快到春节的时候，按照公司习惯，经理交给她一大堆名片，并亲自挑选了很多精美的明信片，要她按照名片逐一地打印寄出。在接过名片时，凯丽曾提醒经理将已经变化的地址或没有往来的客户挑出来。但是，她的经理非常不耐烦地说："名片上所有的人都要寄到！"两天后，当凯丽把已经打印好的明信片交给他过目时，他却大声指责她将一些已经没有业务的客户错误地打印在了"最精美"的明信片上。当时凯丽觉得非常委屈，但是不知道应该说些什么。

在别人的建议下，凯丽利用休息时间和经理谈了自己的想法。凯丽尝试着让她的经理明白，只有进行融洽的沟通，她才能将经理的意图与自己的创意很好地结合起来，才会使他们双方的工作更加有成效。这样，她的经理就明白了她的意思，也了解到凯丽是个责任很分明的人。在此之后，他们之间的合作愉快多了。

这虽然只是一个小例子，但是区分什么是自己的问题、什么是他人的问题，对于职业人却是一件非常重要的事情。面对这样的情况，抱怨是没有用的，而且通常你也不会有更多的解释机会。但是，如果可能，你不妨和自己的经理进行沟通。

在现实生活中，并不是每一个老板都爱推卸责任，只是他有一种自我保护的潜意识，不愿意在自己的下属面前承认某些失误是由于他造成的。所以，没有必要对此耿耿于怀，但是应尽可能将问题婉转提出，以利于今后工作。

总之，与老板经常进行富有艺术性的沟通，可以帮你建立一个融洽和谐的工作环境，使你对老板的工作习惯、个人脾气有一个清楚的认识，工作上的事自己哪些该做、哪些不该做，以什么方式去做也就心中有数了。这也是事业取得成功的必要条件。

5
想人所不能想到的，做人所不能做到的

想别人所不能想到的，做别人所不能做到的。以小事为突破口，在细节处下工夫，在别人没有注意到的地方做足文章，你才能在与别人的竞争中取得优势。

有这样两位秘书，一位将车票买来，就那么一大把地交上去，杂乱无章，而且易丢失，不易查清时刻；另一位却将车票装进一个大信封，并且在信封上写明列车车次、座位号及启程、到达时刻。后一位秘书是个细心人，虽然她只是注意了几处细节，只在信封上写上几个字，却使人省事不少。懂得在细节上下工夫，受老板青睐也就是顺理成章的了。

下面这个小职员被提升，虽事情不同，但却与那位秘书有异曲同工之妙。

日本某一公司的一位小姐专门负责与她们公司有业务往来的客商的接待工作，其中与她们公司有重大业务往来的是一家德国公司。为清楚了解两家公司的合作项目，德国公司的经理需要经常往来于东京和他们的投资地大阪，而订票的工作也就理所当然的是那位小姐了。但令那位德国经理奇怪的是：他坐车去大阪时他的座位总是在右边，而当他返回东京时，座位却都在左边，而且每一次都是这样，从来都没有一次例外。

终于有一次，他忍不住问了这位小姐。小姐微笑着对他说：“我想外国的客人来到日本肯定都喜欢见到富士山那雄浑伟岸的身姿，所以我就给您做了这样的安排。这样您便可以在任何时候都能见到富士山了。”

德国经理听到这样的话备受感动。他认为日本这家公司的员工连这样的小事都能够想到，与他们合作自然是毫无差错的了。于是他决定给这家公司增加贸易额。这位小姐也理所当然地得到了提升。

创新是一个永恒的话题，创新并不是少数天才的工作，每个人都能创新。在细节中创新，就是要敏锐地发现人们没有注意到或未重视的某个领域中的空白、冷门或薄弱环节，改变思维定式，最终你将到达一个全新的境界。

在一个世界级的牙膏公司里，总裁目光炯炯地盯着会议桌边所有的业务主管。

为了使目前已近饱和的牙膏销售量能够再加速增长，总裁不惜重金悬赏，只要能提出足以令销售量增长的具体方案，便可获得高达10万美元的奖金。

所有业务主管无不绞尽脑汁，在会议桌上提出各式各样的点子，诸如加强广告、更改包装、铺设更多销售点，甚至于攻击竞争对手等，几乎到了无所不用的地步。而这些陆续提出来的方案，显然不为总裁所欣赏和采纳。所以总裁冷峻的目光，仍是紧紧盯着与会的业务主管，使得每个人都觉得自己犹如热锅上的蚂蚁一般。

在会议凝重的气氛当中，一位走入会议室为众人加咖啡的新加盟公司的小姐无意间听到讨论的议题，不由得放下手中的咖啡壶，在大伙儿沉思最佳方案的肃穆中，怯生生地问道：“我可以提出我的看法吗？”

总裁瞪了她一眼，没好气地道：“可以，不过你得保证你所说的能令我产生兴趣，否则你随时准备走人。”

这位女孩轻巧地笑了笑：“我想，每个人在清晨赶着上班时，匆忙挤出的牙膏，长度早已固定成为习惯。所以，只要我们将牙膏管的出口加大一点，大约比原口径多40%，挤出来的牙膏重量就多了一倍。这样原来每个月用一条牙膏的家庭，是不是可能会多用一条牙膏呢？诸位不妨算算看。”

总裁细想了一会，率先鼓掌，会议室中立刻响起一片喝彩声，那位小姐也因此而获得了奖赏。

想别人没想到的，做别人没做到的，就要求你特别注意生活中的细节问题。也许某个不经意的举动，就可以使你灵光一现，你便会有所突破并进而前途无量了。

廖基程也是一个在细节中求创新的人。廖基程在工厂劳动时经常看到，由于大部分零件的精密度都非常高，为了防止零件生锈，工人们都必须戴手套进行操作，而且手套必须套得很紧，手指头才能灵活自如，这样一来，戴上脱下相当麻烦不说，手套还很容易弄坏。

为此，他常想，难道只能戴这样的手套吗？能不能改进一下？

有一天，他在帮妹妹制作纸的手工艺品时，手指上沾满了糨糊。糨糊快干的时候，变成了一层透明的薄膜，紧紧地裹在手指头上，他当时就想：“真像个指头套，要是厂里的橡皮手套也这样方便就好了！”

过了不久，有一天清早醒来，他躺在床上，眼睛呆呆地望着天花板，头脑里突然想到：可以设法制成糨糊一样的液体，手往这种液体里一放，一双又柔又软的手套便戴好了，不需要时，手往另一种液体里一浸，手套便消失了，这不比橡皮手套方便多了吗？

他将自己的这一大胆想法向公司做了汇报，公司老板非常重视，马上成立了一个研究小组，也把廖基程从生产车间调到了这个组里。经过大家反复研究，终于发明了这种“液体手套”。使用这种手套只需将手浸入一种化学药液中，手就被一层透明的薄膜罩住，像真的戴上了一双手套，而且非常柔软舒适，还有弹性。不需要时，把手放进水里一泡，手套便“冰消瓦解”了。廖基程在细节中求创新的行为终于得到了应有的回报。

在工作中，许多员工抱着坚守岗位的态度，一切因循守旧，缺少创新精神。认为创新是老板的事，与己无关，自己只要把分内的工作做妥即可，舍此无他。

这种思想并不可取。要知道，谁也不比谁强，谁也不比谁差。你所拥有的，别人同样也拥有。那么如何能够突围而出，高人一筹?

纵观事业上取得成功的员工，他们一般都不是那种从常规去考虑问题的人，而是能够在创新的立场上考虑各种问题的人。

有这样一个大家耳熟能详的故事：

两个推销员去非洲推销皮鞋。由于天气炎热，非洲人向来都赤着脚。第一个推销员看到此景立刻失望起来，并即刻打道回府。而另一个推销员却惊喜万分："这些人都赤着脚，一定大有市场啊！"于是他想方设法引导非洲人购买适合他们穿的凉鞋，结果发了大财成功归来。

同样是非洲市场，同样面对赤着脚的非洲人，一个人因循守旧，不战而败；而另一个人敢于创新，想别人没想到的，做别人没做到的，大获全胜。这就是创新与守旧的天壤之别。

想别人没想到的，做别人没做到的，这种创造性的眼光可以使员工摆脱本行业的条条框框，接受其他领域中的优秀思想。当你尝试用不同的角度看事物时，创新的智慧常会让你得出独到的见解，再加上进一步的整理和分析，必然令老板大为信服。

作为一名员工，当你把正确的创新意识注入到自己的工作中时，想别人所不能想到的，做别人所未能做到的，你就能极大程度地提高工作能力，突破制约你成功的瓶颈，飞上枝头变凤凰只是时间的问题。

6
全才不如专才

在职场上，如果你想和别人竞争，就要有一些自己有而别人没有的资源。这里所说的资源，就是指专业知识。

成功大师拿破仑·希尔曾说过：“专业知识是这个社会帮助我们将愿望化成黄金的重要渠道。也就是说，你如果想要获得更多的财富，就应不断学习和掌握与你所从事的行业有关的专业知识。不管怎样，你都要在你的行业里成为一等一的专才。只有这样，你才可以鹤立鸡群，出类拔萃。”

一位硕士考取博士生后，他选的那个导师要招的学生已满员，于是那位导师就将这位博士生介绍给了另一位导师。但这位导师的研究方向与这位博士生以前的方向差得太远。这位导师让这位博士生计算他那个方向上的一个大家都知道、但都因太麻烦而不愿计算的问题。这个问题在数学上意义不大，但在通信信息上意义非同寻常。这个博士生在三年的读博期间对其算法已掌握到炉火纯青的程度，别的方面没多大建树，但最终他却成功了。

这说明成功的前提是在某一方面要有很深的储备。我们身边有许多很会夸夸其谈的人，天文地理，经史子集，什么都知道，但也仅限于知道别人的东西，他自己什么也没有，这样的人算成功吗？我们的答案是：他不能算作成功，充其量是一个储备知识的机器。

现在社会分工越来越细，要成为一个全才很难。社会需要的是合作精神，是学习能力。它不需要我们把一切知识都储备好，但它需要我们有一种能力，一种需要什么马上就能学会什么的能力。最现实的做法就是钻精钻透一种知识，并且在这一过程中学会应对将来的需要。当然，在钻研这门知识的过程中应尽可能地涉猎一些相关的知识以开拓自己的思维和视野。

因此，在工作中要想成为一个不可被替代的人，你一定要掌握一门专业。没有专业，在工作岗位上你就是个可有可无的人。如果你所从事的工作是什么人都可以做的，那么，你就是个那种无论什么时候、什么人都可以顶替的人。所以，要想成为办公室中的不可或缺者，成为人人羡慕的成功人士，首先要做的便是掌握专业知识，成为行业的专才。

适应社会需要的专才才更具有竞争力，而在当今信息爆炸的时代，对人才的要求越来越高，专才更适应社会竞争。

第一，随着社会分工的细化，与分工相对应的知识结构也越来越细，专业也向更加复杂的方向发展。对人才的要求同样趋于细化，趋向更高的技能，因此对人才专业化的要求是十分明显的。

第二，适应社会竞争在于适应社会需要。人才与社会之间是双向选择的关系，全才选择面广，却只能被选择一次，而且还有不确定性。机会每个人都能遇见，但并不是每个人都能抓住机会。分工细化的现代社会，要求的是高精尖的人才，也就是专才。

第三，专才拥有某一领域内的专业知识和技能，会比全才更具有吸引力。而在复合交叉领域内，最终的研究与成果，也落实在单一领域。因为全才的个人作业缺乏效率，分工把精力集中于个别的领域，更有利于实现社会价值。

每一位成功人士都有很特别、很高超的“专业知识”：包玉刚是航运百科全书；李嘉诚是地产专家；邵逸夫对电影了如指掌！

常言说：学无止境。对于一个身在职场的年轻人来说，即使你已经拥有了专业知识，也要不断地学习。当你的专业知识矿藏只比别人丰富一点点，或者并不比别人丰富时，更应如此。无数事实表明：不断地充电学习，更新专业知识，可以让你了解所从事的行业和职位的最新资讯，适时地根据最新的职业要求，补充自己的技能。

在职场中，能够让你安身立命的就是你的专业知识和专业技能。

7
拥有“再拼一下”的心态

一个人的危机与丧失积极向上心态的力量有极大关系，缺乏积极向上心态的人，身上就会缺少“再拼一下”的精神！实际上，对于那些优秀者，他们不光靠自己的聪明才智脱颖而出，而且靠“再拼一下”这种积极向上的心态，克服随时都有可能袭来的消极心态。

你在上学时，曾举手发言过吗？你肯定会笑着说道：“真是的，谁没有举过手呢？”“多多举手”有着很大的作用。当你读完下面这则故事时就会明白这一点。

一位很有智慧的心理学家，在他的小女儿第一天上学之前，教给她一项诀窍，足令她在学习生活中无往不利。

这位心理学家送女儿到学校门口，在女儿进校门之前，告诉她，在学校里要多举手。

小女孩真的遵照父亲的叮咛，老师发问时，她总是第一位举手的学生。不论老师所说的、所问的她是否了解，或是否能够回答，她总是举手。

随着日子一天天过去，老师对这个不断举手的小女孩自然而然印象极为深刻。不论她举手发问，或是举手回答问题，老师总是优先让她开口。而因为累积了许多这种不为人所注意的优先举手发言，竟然令小女孩在学习的进度上以及自我肯定的表现上，甚至于许多其他方面的成长，大大超越了其他同学。

多多举手，正是心理学家教给女儿在学习生活中的武器。成功者总是积极主动的，失败者则是消极被动的。成功者经常说的一句话是：我怎样才能做得更好？而失败者的口头禅则是：那不关我的事。

绝大多数人之所以无所成就、默默无闻，之所以只能在人生的舞台上扮演无足轻重的次要角色，最重要的原因之一就在于他们缺乏“再拼一下”这种积极向上的心态。

对于一个试图克服生存危机的人来说，不管他是多么的一贫如洗，只要他渴望有一种克服消极心态、积极向上的心态，希冀着完善自己，那他就是大有希望的。但是，对于那些胸无大志、甘于平庸之辈，我们则无计可施。如果他自身不想克服消极心态，即便外人再怎么推动和激励都是无济于事的。对于一个渴望克服消极心态，消除自身危机的人来说，任何东西都很难阻碍他前进的脚步。不管他所处的环境是多么恶劣，也不管他面临多少不利的制约因素，只要他不停地寻找自己的优势，总是能通过某种途径脱颖而出。我们不可能阻挡一个林肯式的或者威尔逊式的人物的崛起，对于这样的人来说，即便是贫穷到买不起书本的地步，他们依旧可以通过借阅来获得梦寐以求的知识，并把危机转变成优势。

我们或许会认为自己的生活太平淡了，自己成就一番大事业的机会近似于零，但是，重要的并不在于我们现在从事的工作是如何的微不足道，只要我们有进取的信心，只要我们希望攀登上成功的巅峰并愿意为之付出切实的努力，那么终有一天我们会成功的。

然而，在我们的周围存在着这种人，虽然对自己的现状极为不满，但并没有任何改进自身危机的意愿，也不想付出努力来达到目标，而仅仅是对自己的境况不满，他们完全丧失了“再拼一下”的积极向上的心态。

当我们看到一个人在本职岗位上兢兢业业，想方设法地使每一件事都做得尽善尽美，以自己的努力和成就为荣，并在此基础上积极寻求进一步的发展和提高时，我们在心中确信他最终能如愿以偿。在我们确切地了解一个人的理想和抱负之前，是无法对他做太多判断的。只要他具备毅力、恒心和信念，他完全有可能成为一个克服自身消极心态和发挥自身优势的人物。

当年轻的富兰克林尚在费城为挣得一个立足之地而苦苦挣扎时，那些精明的商人已经预测到了，即便富兰克林现在囊中羞涩，生活困难，吃饭、睡觉、工作都是在同一间小屋，但这个年轻人必定前程无限。因为他是如此全身心地投入工作，如此渴望着大展宏图，如此地乐观自信，他经手的每一件事都能做到尽善尽美，这些都预示和象征着他未来的作为不可限量。当他还只是一个学徒期刚满的印刷工人时，他的工作质量就已经远远地超过别人了，而他的排版系统甚至比雇主的还要先进，人们纷纷预测有朝一日他肯定能取而代之，拥有自己的公司。历史证明他的确是做到了这一点。

所以，当我们目不暇接地看到惊人的工业成就，巨大的工厂办公机构和繁荣的商业，以及所有人类成就的活生生的广告时，也许在心中会留下一个巨大的问号和感叹号——为什么我们不能同样地出类拔萃呢？为什么我们自己不去尝试着成为一个积极进取、战胜自身危机的人呢？当我们心中产生了这样的愿望，当我们热切地渴望去做某事并坚信自己肯定能成功时，“再拼一下”的积极向上的心态也就在无形之中增加了几倍。

那么，对我们而言，积极的力量到底是什么？让我们来看一看亚历山大大帝是如何说的吧。

亚历山大大帝出发远征波斯之前，他将所有的财产分给了臣下。

大臣皮尔底加斯非常惊奇，问道：“那么，陛下带什么启程呢？”

对此，亚历山大回答说：“我只带一种财宝，那就是‘希望’。”

听到这一回答，皮尔底加斯说：“那么请让我们也来分享它吧。”于是，他谢绝了分配给他的财产。

人生不能没有希望，所有的人都活在希望之中。如果有人生活在没有希望的人生之中，那么他至死都是个失败者。即使我们身处逆境之中，只要抱着积极向上“再拼一下”的心态，就能打开一条活路。

8
用专业精神赢得未来

赢得未来被认为是人类需要的最高层次，赢得未来要通过专业精神来实现。在公司中，一个有专业精神的人，会在工作中不断地付出努力、不断地超越自己的目标，这样我们未来实现自我价值的需要也就能得到充分的满足。

你在这个世界中能找到什么样的工作？从根本上说，这不是一个关于干什么事和得什么报酬的问题，而是一个专业精神的问题。专业精神就是要付出努力。正是为了成就什么或获得什么，我们才要专注，并在那个方面付出精力。从这个本质而言，工作不是我们为了谋生才做的事，而是我们要用生命去做的事。只有这样，专业精神才能得到体现，才能让自己获得成功。

工作是上天赋予的使命。把自己喜欢的并且乐在其中的事情当成使命来做，就能发掘出自己特有的能力。其中最重要的是能保持一种积极的心态。即使是辛苦枯燥的工作，也能从中感受到价值，在你完成使命的同时，会发现成功之芽正在萌发。

如果年轻的厨师想早日使自己的手艺精湛，仅仅想着“我要做美味的料理”就以为能实现心愿，那简直是天方夜谭！如果不只是“要做美味的料理”，而是抱着“做美味的料理是上天赐予我的最完美的工作”的念头，料理的手艺就能进步了。为什么呢？因为如果这样想的话，做菜这件事就会变成一件愉快的事情了。

做事的第一步是学会如何去做。事情可以做好，也可以做坏。可以高高兴兴开心地做，也可以愁眉苦脸厌恶地做。如何去做，这完全在于我们，这是一个选择的问题。以下这句话也许是古罗马斯多葛派哲学家们提供给人类的最伟大的见解：没有卑微的工作，只有卑微的工作态度，而我们的工作态度完全取决于我们自己。

一个人的工作，是他亲手制成的雕像，是美丽还是丑恶，可爱还是可憎，都是由他一手塑造的。而一个人的一举一动，无论是写一封信，出售一件货物，或是一个电话，都在说明雕像或美或丑，或可爱或可憎。

如果一个人轻视他自己的工作，而且做得很粗陋，那么就等于说他连自己都不尊敬。如果一个人认为他的工作辛苦、烦闷，那么他的工作绝不会做好，这一工作也无法发挥他内在的特长。在社会上，有许多人不尊重自己的工作，不把自己的工作看成创造事业的要素和发展人格的工具，而视为衣食住行的供给者，认为工作是生活的代价、是不可避免的劳碌，这是多么错误的观念啊！常常抱怨工作的人，终其一生，绝不会有真正的成功。抱怨和推诿，其实是懦弱的自白。

一个人对工作所持的态度，和他本人的性情、做事的才能有着密切的关系。看一个人能否达成自己成功的心愿，只要看他工作时的精神和态度就可以了。如果某人做事的时候，感到受了束缚，感到所做的工作劳碌辛苦，没有任何趣味可言，那么他绝不会取得成功。

如果我们的工作能够引导我们逐步接近那种能充分表现我们的才能和性格的境况，这样的工作应该就是最令人满意的工作了。正是为了获得某些东西或成就自我，为了拓宽、加深、提高上天赋予的技能，将身心全面发展而成为一个和谐而美丽的人，我们才会专注于一个方向，并在那个方面付出毕生心血。

不论做何事，务须竭尽全力，这种精神的有无可以决定一个人日后事业上的成功与失败。一个人工作时，如果能以生生不息的精神、火焰般的热忱，充分发挥自己的特长，那么不论做怎样的工作，都不会觉得劳苦。如果我们能以充分的热忱去做最平凡的工作，也能成为最精巧的工人；如果以冷淡的态度去做最高尚的工作，也不过是个平庸的工匠。倘若能处处以主动的精神努力工作，那么即使在最平庸的职业中，也能增加他的威望和财富。

工作是一个施展自己能力的舞台。我们寒窗苦读来的知识，我们的应变力，我们的决断力，我们的适应力以及我们的协调能力都将在这样的一个舞台上得到展示。除了工作，没有哪项活动能提供如此高度的充实感、个人使命感、表达自我的机会以及一种活着的理由。工作的质量往往决定生活的质量。

一个人所做的工作，是他人生态度的表现，一生的职业，就是他志向的表示、理想的所在。所以，了解一个人的工作态度，在某种程度上就是了解那个人。

当今社会是竞争激烈的信息社会，国家需要有志向的人，公司需要有专业精神的人，我们别无选择。生活的主题，只能是跨越鸿沟峡谷，永不松懈。让我们树立强烈的责任心、荣誉感和严明的纪律意识，自信、诚实、主动、敬业，做值得信赖的、能够承担重任的人吧！

一天中，有近乎1/3的时间在工作。是让自己的生命更加色彩斑斓，就应该好好珍惜自己的工作，应该带着激情去工作。如果我们能以对待生命的态度对待工作，并且将这种态度运用到工作中去，你会发现工作是多姿多彩的。

把专业精神提升为一种高度的责任感，你就会发现成功并不遥远。

9

变“要我做”为“我要做”

在《圣经》中记载有这样一则故事：

从前，有一个严厉的主人要到外国去。临行前他将仆人们叫到跟前，按着各人的才干给了他们一笔银子，一个给了5000塔拉（古犹太银币单位），一个给了2000塔拉，一个给了1000塔拉。随后主人便出国去了。

那个领5000塔拉的仆人把这笔钱拿去做买卖，另外赚了5000塔拉；那个领2000塔拉的也照样赚了2000塔拉。但那个领了1000塔拉的仆人却挖了个洞，把钱藏了起来。

过了许久，主人回来了，那个领5000塔拉的仆人带着赚来的5000塔拉，说：“主人，您交给我5000塔拉，请看，我又赚了5000塔拉。”主人很高兴，让他一同坐下享乐。

那个拿2000塔拉的仆人也同样献上赚来的钱，获得了主人的嘉许。

最后那个仆人上前说：“主人

啊，我知道您是很严厉的人，我害怕把钱弄丢，于是把您交给我的1000塔拉埋藏起来。请看，您原来的银子还在这里，分毫不少。”

主人道：“你这又笨又懒的仆人，既然知道我是严厉的人，至少应当把我的银币放到银行里，等到我回来时，可以连本带利收回来，怎可将银币埋藏起来？”

主人大怒之余，吩咐左右夺过他手中的1000塔拉，交给那个有1万塔拉的仆人，同时道：“凡有的，还要加给他，叫他有余；没有的，连他所有的也要夺过来。”

优秀员工就是那“有余”的人。从表面上看，他们比平庸者拥有“有余”的智慧、能力和机遇。但实际情况是，他们之所以拥有这种“有余”，是因为他们能在没有“主人”命令的情况下，主动把5000塔拉变成1万塔拉，主动挖掘自身潜能，从而慢慢拉开了与平庸者的距离。

由此可见，主动就是不用别人告诉你该如何做，你都可以出色地完成工作。这也是优秀员工之所以优秀、绩效高的最根本原因。

所以，永远不要把“要我做”当做工作的前提，高绩效最喜爱“我要做”的那类人，并乐意为其效劳。鉴于此，你必须像优秀员工那样，发扬主动率先的精神，变“要我做”为“我要做”。无论面对的工作多么枯燥乏味，“我要做”的主动精神都会让你取得非凡的业绩。

优秀员工的“积极主动”，均灌注于工作的点滴之中。也正因为如此，他们的工作能力才日强一日，工作业绩才得以不断提高。总的来说，思想上的积极主动落实到现实工作中，主要体现在以下几个方面：

（1）主动熟悉公司的一切。

熟悉公司的一切是做好工作的基础。它主要包括公司目标、使命、组织结构、销售方式、经营方针、工作作风……主动使自己像老板一样了解所在的公司，可让你在今后的工作过程中采取的行动更准确，效果更出色。

（2）不等待命令。

如果你习惯于“等待命令”，首先，就会从思想上缺乏工作积极性而降低工作效率；其次，你还会养成“有所为而为”的工作态度，或者只做你喜欢的工作。一个人一旦被这些不良思想左右，任何时候他都很难要求自己主动去做事。即使是被交代甚至是一再交代的工作，他也会想方设法去拖延、敷衍。事实表明，“等待命令”是对自己潜能的“画地为牢”，从一开始就注定了平庸的结局。

（3）工作时不要闲下来。

工作中不让自己闲下来，主动找点事做，你就能更加完善自己，在工作中提高自己的工作能力。优秀的员工每当完成一项工作时，总去翻工作日记，问自己：是否所有的目标都已达到？有什么项目需要加上去？还需要向别人学习什么以使自己的工作能力得到提高？总之在任何闲暇的时候主动处之，你就能争取到更多的机会，不断丰富自己的经验和提高能力。

（4）主动做分外的事。

许多著名的大公司认为，一个优秀的工作者所表现出来的主动性，不仅仅是能主动完成它，还应该主动承担自己工作以外的责任。

比尔在一家商店工作时，一直自我感觉很好。因为他总能很快做完老板布置的任务。一天，老板让比尔把顾客的购物款记录下来，比尔很快就做完了，然后便与别的同事闲聊。这时老板走了过来，扫视了一下周围，然后看了一眼比尔。接下来老板一语不发地开始整理那批已经订出的货物，然后又把柜台和购物车清理干净。

这件事深深震动了比尔，他瞬间发现自己一直以来是多么的愚蠢，他明白了一个人不仅要做好本职工作，还应该主动地再多做一些，哪怕老板没要求你这么做。这一观念的改变，使比尔更加努力地工作，他由此学到了更多的东西，工作能力突飞猛进，最终成了公司的副总。

（5）主动提建议。

也许你的老板或同事某种处理事务的方式效率不高，而他本人并未察觉或不知如何改进。这时，如果你有好的主意，就应该主动地提出来。主动提出合理化的建议，不但可以为你赢得好人缘，更有利于你与同事的合作，提高工作效率，进而推动整个公司绩效的提高。要做到这一点，你必须主动了解和学习公司业务运作的规律，为什么公司业务会这样运作？公司的业务模式是什么？如何才能盈利……主动关注整个市场动态，分析竞争对手的错误症结，可以避免思维的固化，从而提高你的工作能力。

要想成为一名优秀的员工，就必须具有积极主动的品质，这种积极主动不能仅局限于一时一事，你必须把它变成一种思维方式和行为习惯。只有时时处处表现出你的主动性，才能获得机会的眷顾，并最终成就卓越。

第四章

不找借口，做勇于负责的员工

1

不要将情绪带入工作，行动比抱怨更有意义

每个人都会有悲、有怨、有怒……生活本是多变的，在多变的生活中每个人都会面临挫折、失望、沮丧、失败，因而会产生一些不良情绪。在正常情况下，人会在遇到高兴事时眉飞色舞，遇到伤心事时愁眉苦脸。但是在办公室这种情绪一定要控制，坏情绪往往让人冲动。不能理智地处理坏情绪，就容易给客户、同事造成不良印象，因此影响人际关系，也必然影响自己的未来。成功者碰到因一些问题引发的坏情绪时，总是以积极的态度、积极的情绪来化解，他们知道应该清除办公室的坏情绪。

有一位经理，起床后发现上班时间快到了，便急急忙忙地开了车往公司急奔。一路上，为了

赶时间，这位经理连闯了几个红灯，终于在一个路口被警察拦了下来，被开了罚单。

这样一来，上班注定要迟到了。到了办公室之后，这位经理有如吃了火药一般，看着桌上放着几封昨天下班前便已交代秘书寄出的信件更是生气，把秘书叫了进来劈头就是一阵痛骂。

秘书被骂得莫名其妙，于是拿着未寄出的信件走到总机小姐的座位，责怪总机小姐昨天没有提醒她寄信。

总机小姐受到责怪心情恶劣至极，便找来公司内职位最低的清洁工，借题发挥，对清洁工的工作没头没脑地又是一连串声色俱厉的指责。

清洁工底下没有人可以再骂下去，她只得憋着一肚子闷气。

下班回到家，清洁工见到读小学的儿子趴在地上看电视，衣服、书包、零食，丢得满地都是，当下逮住机会，便把儿子好好地修理了一顿。

儿子电视也看不成了，愤愤地回到自己的卧室，见到家里那只大懒猫正盘踞在房门口，一时怒由心中起、火向胆边生，狠狠地一脚把猫儿给踢得远远的。

经理的坏情绪就这样一个接一个地传下去……

在竞争日趋激烈的今日，每个人都面临着不同的挑战，承受着不同的压力，因此人人都会有心情烦躁的时候，都会遇到难言的苦衷。在这种情绪笼罩下，谁都会有一种强烈的发泄愿望。需要注意的是，发泄闷气要区分场合，如果不分场合任意发泄，那后果将是不可想象的。如果冲着同事发泄，即使同事理解你的心情，内心深处也会对你产生一定的看法。如果被老板知道，将有可能影响到你的升职加薪。因为一个情绪化的员工是难以与他人融洽合作的，而这将会直接影响公司的利益。一般情况下，老板是不会用一个如此情绪化的员工去做管理工作的。事业上的成功，在很大程度上依赖于情绪的控制和严格的自律。一个人如果不会驾驭自己的情绪，总带着情绪去工作，就不可能经营好自己的事业。

小丽是一家商店的售货员，一天她多找了顾客50元钱，被小组长批评了一顿。小丽的心里很恼火。这时有位顾客走到她面前，要求看一些帽子。小丽装作没听见，置之不理。顾客又接连说了几遍。小丽越发不耐烦，大声嚷道:“喊什么喊，不就是看帽子吗？”顾客听后非常生气，直接反映到商店老板那里。结果，小丽不仅受到老板的严厉批评，还被扣除了当月的工资。

不要让个人的情绪影响工作，一遇到不顺心的事就挂在嘴边，表现在脸上。一个人背着“情绪包袱”工作，就会进入沮丧——出错——倒霉的恶性循环。因为，带着情绪工作往往会导致工作失误，工作失误会给公司带来利益损失，公司的利益受到损失老板就会追究责任，追究的结果自然是出现工作失误的人受批评、被处分，甚至被老板解雇。

所以，无论遇到什么不如意的事，都不要把情绪带到工作中去，要懂得调整心态。人生处处有难题，遭遇不顺的绝不只你一个人。尽量以明朗的心情去工作吧！记住，公司不是你的家，更不是心理诊所，你的老板、同事、下属不是你的父母，更不是你的心理医生，所以你就算有天大的怨气，也必须强行按捺住，收起脾气，拿出风度来，清除办公室的坏情绪，哪怕你回家之后再痛痛快快地发泄，比如大哭一场，大骂一场，或者大吃一顿。

2

面对困难要勇往直前，敢于接受挑战

中国有句俗语："吃得苦中苦，方为人上人。"在工作中，员工面对的每一次困难与挫折都附带着收获的种子。困苦与成功是一对永远对立的矛盾统一体。

在你面对困难的时候，往往也是你增长见识、增加能力、提高成功几率的良好时机。因为这种困难是达到成功的必经程序，没有这样的困难你就永远不能成功。在某种意义上说，困难往往与机会同在，它会为你带来成功的结果。

正如温斯顿·丘吉尔说过的一句话："困难就是机遇。"

《唐·吉诃德》，是塞万提斯被困马瑞德狱中的时候写出来的。那时他贫困不堪，甚至无钱买纸，在将要完稿时，把皮革当做纸张。有人劝一位西班牙巨商去接济他，那位巨商回答说："上天不允许我去接济他，因为唯有他的贫困，才能使得世界丰富！"

牢狱往往能唤起高贵的人心中已经熄灭的火焰。《鲁滨逊漂流记》是在狱中写成的，《天路历程》是在彼特福特牢狱中写成的。拉莱在他13年的幽囚生活中，写成了他的《世界历史》。大诗人但丁被判死刑，过着流亡的生活达20年，而他的作品就是在这段时期完成的。

犹太人自有史以来备受欺凌，甚至惨遭杀戮，每时每刻都可能面临背井离乡、妻离子散。然而犹太人却仿佛总是同巨额财富携手而来。当今世界几乎所有的金融领域，都掌握在犹太人手中，这不能不说是一个奇迹。

被人誉为“乐圣”的德国作曲家贝多芬一生遭到数不清的磨难，贫困、失恋甚至耳聋，这些几乎毁掉了他的事业。贝多芬并未一蹶不振，而向“命运”挑战。他在两耳失聪，生活最悲痛的时候，写出了一生最伟大的乐章。

正如他给一位公爵的信中所说：“公爵，你之所以成为公爵，只是由于偶然的出身，而我成为贝多芬，则是靠我自己。”

许多成功的伟人，在困难面前总是愈挫愈勇，不战栗，不退缩，胸膛直挺，意志坚定，敢于蔑视任何厄运，嘲笑任何逆境。因为忧患、困苦不足以损他毫厘，反而会磨炼他的意志，增强他的力量，优化他的品格，促使他坚定地向自己的目标进发。

日常工作中，员工也必然会遇见一些困难。例如，忽然有一天，老板将一份非常棘手的工作交给你，你会有怎样的感想？你可能会想：“老板真是不公平，把这么麻烦的事情交给我，而同事博特却每天清闲自得，他比我拿的薪水还多呢！”也许这样想有你的道理，但是，与其这样浪费时间愤愤不平，不如说服自己，“在老板的心目中，我比博特优秀。即使是老板有意优待博特，那么只要我把问题解决了，老板也会心知肚明的。”如此，你的心态就会非常开阔，你的努力也不会白费。就像当年安德鲁·罗文那样，勇于承担任务，战胜重重困难，最后终于把信送给了加西亚将军。困难承载的机会就是他借此获得的一切，包括财富、荣誉、职位等。当遇到挫折时，记住，只要你积极面对，那只是黎明前的黑夜。

失败乃成功之母，这充分地说明了在追求成功的路上，失败几乎是在所难免的。有一位社会学者说：“我对古今中外的科学家做了充分的研究，任何一项科研项目都不是一次实验就成功，其间都要经历曲折与坎坷。”

那些伟大的科学家，在经历了无数次失败以后，依然不放弃对科学真理的追求，想必对失败有了更深层次的认识。心理学家在谈及科学家的失败时说：“对于他们来说，失败就是成功的先期经历，这是每一项科学研究必须经历的。”

日本本田公司在全世界都有口皆碑。但是，人们对其创始人本田宗一郎的了解也许不是很多。本田宗一郎出生在一个贫困家庭里。这个穷学生从来就不喜欢学校的正规教育，反而对机械研究情有独钟。可是，一个文化教育程度不高的人，想要制造摩托车、汽车，又谈何容易呢？在本田宗一郎的一生中，曾经失败过多少次连他自己都不清楚，但是本田宗一郎能够记得清楚的是，他每次总是要仔细地探讨失败。

本田宗一郎说：“每次失败后，我都要灰心丧气地消沉几天，但是几天过后，我又变得精神抖擞起来。我开始对前几天的失败进行思考，找出失败的真正原因，然后再提醒自己该从什么地方入手，避免再次失败。”

本田宗一郎的技术一天天地突破，他的公司也在一天天壮大，在短短的几年内就成功打败了几百个竞争对手，立足于摩托车和汽车行业，并且取得了举世瞩目的成就。本田宗一郎在总结回忆自己的成功经验时，说出了令很多人惊讶的话，他说：“感谢失败！我成功的经验完全来自失败。”本田宗一郎大胆地承认，自己的成功秘诀全来自于自己对挫折失败的反省。

在本田公司，如果有失败产生，一定会将这次失败作为公司的重点探讨专案。公司董事会要针对这次失败仔细探讨，然后将探讨结果向整个公司的每个成员发布。这样的管理方式与模式，在全世界的知名公司里也是很独特的。由此可见，本田宗一郎今天的结果几乎是必然的。

只要我们及时发现自己的错误，主动面对失败，积极探讨失败，找到真正的失败原因并及时改正，就一定会达到目标。

有句话说得好：“苦藤结瓜瓜儿甜。”每一个员工在追求成功的过程中难免会失败受挫。每当这时，我们应该相信风雨过后就是美丽的彩虹，做到不怕苦、不畏难，迎难而上，勇敢地接受挑战，克服困难。唯有这样，我们才能抵达成功的彼岸。

3
不要总想着报酬、待遇

有的人刚参加工作或者刚进入一个新公司，业务还没有熟悉，就开始盯着谁比自己的工资高200元，谁这个月比自己多领了几十元奖金。这是一种没有进取心的表现。

在他们的眼中，薪水是自己身价的标志，绝不能低于别人。他们的“理想远大”，刚出校门就希望自己成为年薪几十万元的总经理；刚创业就期待自己能像比尔·盖茨一样富甲一方。他们只知向老板索取高额薪酬，却不知自己能做些什么，更不懂得从小事做起，实实在在地前进。

这些想法无疑是错误的。为此你不妨追查一下身边那些位高薪厚的人，看看他们的经历是怎样的。

史密斯先生来到一家进出口公司工作后，晋升速度之快，让周围所有人都惊诧不已。一天，史密斯先生的一位知心好友，怀着强烈的好奇心询问他这个问题。

史密斯先生听后无所谓地耸了耸肩，用非常简短的话答道：

“这个嘛，很简单。当我刚开始去杜兰特先生那里工作时，我就发现，每天下班后，所有人都回家了，可是，杜兰特先生依然留在办公室工作，而且一直呆到很晚。另外，我还注意到，这段时间内，杜兰特先生经常需要一个人帮他做些重要的服务。于是，我下了决心，下班后，我也不回家，待在办公室内。虽然没有人要求我留下来，但我认为我应该这么做，如果需要，我可为杜兰特先生提供任何他所需要的帮助。就这样，时间久了，杜兰特先生就养成了有事叫我的习惯，这就是事情的经过。”

史密斯先生这样做是为了薪水吗？当然不是。事实上，他确实没有获得一点物质上的奖赏，但是由于他的付出，他得到了老板的赏识和更多的机会。

只为薪水而工作让很多人缺乏更高的目标和更强劲的动力，也让职场上出现了几种不正常的现象：

①应付工作。他们认为公司付给自己的薪水太微薄，他们有权以敷衍塞责来回报。他们工作时缺乏激情，以应付的态度对待一切，能偷懒就偷懒，能逃避就逃避，以此来表示对老板的抱怨。他们工作仅仅只是为了对得起这份工资，而从来没想过这会与自己的前途有何联系，老板会有什么想法。

②到处兼职。为了补偿心理的不满足，他们到处兼职，一人身兼二职、三职，甚至数职，多种角色不停地转换，长期处于疲劳状态，工作不出色，能力也无法提高，最终谋生的路子越走越窄。

③时刻准备跳槽。他们抱有这样的想法：现在的工作只是跳板，时刻准备着跳到薪水更好的单位。但事实上，很大一部分人不但没有越跳越高，反而因为频繁地换工作，公司因怕泄露机密等原因不敢对他们委以重任。由于他们过于热衷“跳槽”，对工作三心二意，很容易失去老板的信任。

所以，一个人若只是为薪金而工作，把工作当成解决面包问题的一种手段，而缺乏更高远的目光，最终受害的可能就是你自己。

而且相信谁都清楚，在公司提升员工的标准中，员工的能力及其所做出的努力占很大的比例。没有一个老板不愿意得到一个能干的员工。只要你是一位努力尽职的员工，总会有提升的一日。

所以，你永远不要惊异某个薪水微薄的同事，忽然提升到重要位置。若说其中有玄机，那就是他们在开始工作的时候——付出了比你多一倍，甚至几倍的切实的努力，正所谓“不计报酬，报酬更多”。

假如你想成功，对于自己的工作，最起码应该这样想：投入职业界，我是为了生活，更是为了自己的未来而工作。薪金的多与少永远不是我工作的终极目标，对我来说，那只是一个极微小的问题。我所看重的是，我可以因工作获得大量知识和经验，以及踏进成功者行列的各种机会，这才是最大价值的报酬。

事实证明，如果你不计报酬、任劳任怨、努力工作，付出远比你获得的报酬更多、更好，那么，你不仅表现了你乐于提供服务的美德，还因此发展了一种不同寻常的技巧和能力，这将使你摆脱任何不利的环境，无往不胜。

4 不为放弃找理由，不为责任找借口

美国成功学家格兰特纳说过这样一段话：如果你有自己系鞋带的能力，你就有上天摘星星的机会！一个人对待生活、工作的态度，是决定他能否做好事情的关键。很多人在工作中寻找各种各样的借口来为遇到的问题开脱，而且养成了习惯，这是很危险的。

在我们的日常生活中，常听到这样一些借口：上班晚了，会有“路上堵车”“手表停了”的借口；做生意赔了本有借口；工作落后了也有借口……只要有心去找，借口总是有的。久而久之，就会形成这样一种局面：每个人都努力寻找借口来掩盖自己的过失，推卸自己本应承担的责任。

如果在工作中以某种借口为自己的过错和应承担的责任开脱，第一次，可能你会沉浸在借口给自己带来的暂时的舒适和安全之中而不自知。但是，这种借口所带来的“好处”会怂恿你第二次、第三次去寻找借口，因为在你的思想里，你已经接受了这种寻找借口的行为。不幸的是，你很可能就会形成一种寻找借口的习惯。这是一种十分可怕的消极心理习惯，它会让你的工作变得拖沓而没有效率，会让你变得消极而最终一事无成。

出现问题不是积极、主动地加以解决，而是千方百计地寻找借口为自己开脱，会使工作无绩效、业务荒废。借口变成了一面挡箭牌，事情一旦办砸了，就能找出一堆冠冕堂皇的借口，以换取他人的理解和原谅。找到借口的好处是能把自己的过失掩盖掉，心理上得到暂时的平衡。但长此以往，因为有各种各样的借口可找，人就会疏于努力，不再想方设法争取成功，而把大量的时间和精力放在如何寻找一个合适的借口上。

任何借口都是为了推卸责任。在责任和借口之间，选择责任还是选择借口，体现了一个人的生活和工作态度。

任何借口都是不负责任的，它会给工作和周围的人带来莫大的伤害。如果是为了敷衍别人、为自己开脱的话，那寻找借口更是不诚实的行为。

对于不断谋求成功，却遭到一个又一个失败的人来说，最大的挑战就是如何拒绝借口、克服气馁。气馁是一种内心的态度，是可以控制的。

爱迪生是个拒绝气馁的人。即使是在他的实验室和里面的东西全部毁于大火时，他也没有考虑过放弃。他把这场火看作一个重新开始的机会，而且这次一定要更好。

真诚地待自己、待他人是明智和理智的行为，为了寻找借口费尽心思，不如对自己或他人说“对不起，是我的问题”。这是诚实的表现，也是对自己和他人负责任的表现，在某些方面这更是自信的表现。一个人在失去了自信的时候，容易为自己找到很多借口，这其实是一种逃避行为。出现了问题，尤其是难以解决的问题，可能会让我们懊恼万分，但是此时有一个原则永远适用，那就是永远不放弃、永远不为自己找借口。

不要放弃，不要寻找任何借口为自己开脱，而是积极寻找解决问题的办法，这是最有效的工作原则。我们都曾经看到过这类不幸的事实：很多有目标、有理想的人，他们工作，他们奋斗，他们用心去想、去做……但是由于过程太过艰难，他们越来越倦怠、泄气，最终半途而废。然而，到后来他们会发现，如果他们能再坚持久一点，如果他们能看得再远一点，他们就会获得成功。请记住：永远不要绝望，就是绝望了，也要再努力，从绝望中寻找希望。成为积极的人还是消极的人，完全取决于你自己的抉择。

保持一颗积极、绝不轻易放弃的心，尽量发掘你周围的人或事物最好的一面，从中寻求正面的看法，让自己能有向前走的力量。即使终究还是失败了，也能汲取教训，把这次的失败视为朝向目标前进的垫脚石，而不要让借口成为你成功路上的绊脚石。

没有任何借口，没有任何抱怨，职责就是我们一切行动的工作准则。无论你是谁，在人生中，无需任何借口。失败了也罢，做错了也罢，再妙的借口对于事情本身也没有丝毫的用处。千万不要让寻找借口成为习惯。许多人生中的失败，就是那些一直麻痹着我们的借口造就的。

在美国卡托尔公司的新员工录用通知单上印着这样一句话："最优秀的员工是像恺撒一样拒绝任何借口的英雄！"世上没有什么事是不费劲就可以自然做成的，假如你想找一百个借口，那么就能找一百个甚至比一百个还要多的借口，这样，你表面上得到了安慰，但你将一事无成！你要想成为一名"最优秀的员工"，首先就应当记住——"最优秀的员工是像恺撒一样拒绝任何借口的英雄！"

拒绝借口，倾注全部的心血于事业之中，抱定任何阻碍都不能使自己向后转的决心——这样的精神最为宝贵。

有这样两种员工：一种员工是在工作时，拒绝任何不成功的借口，抱着必须获得成功的自信，抱着战胜一切困难的决心；另一种员工是在工作时，抱有各种各样的借口，缺乏既定的目标与愿景，也没有必须制胜而后已的坚强决心。然而，我们大多数人都属于后者。我们很想上进，但是却抱着借口浮游徘徊，既不能使自己像箭一般直奔目标，也没有断绝自己的后路、义无反顾的勇气，而在这时，便会因各种借口而妥协、气馁。

正如登山一样，在“成功”的山峰面前，有些登山者能够一步一步努力爬上顶峰。而有些登山者，却容易气馁，望而却步，从而准备打退堂鼓，因为他们认为成功应该轻易到来。

5

工作中无小事

虽然每个人所做的工作都是由一件件小事构成的，但却不能因此而对工作中的小事敷衍应付或轻视懈怠。记住，工作中无小事。

有这么一个故事，据说，在开学第一天，苏格拉底对他的学生们说："今天咱们只做一件事，每个人尽量把胳臂往前甩，然后再往后甩。"说着，他做了一遍示范。

"从今天开始，每天做300下，大家能做到吗？"学生们都笑了，这么简单的事，谁做不到？可是一年之后，苏格拉底再问的时候，全班却只有一个学生坚持下来。这个人就是后来的大哲学家柏拉图。

"这么简单的事，谁做不到？"这正是许多人的心态。但是，请看看吧，所有的成功者，他们与我们都做着同样简单的小事，唯一的区别就是，他们从不认为他们所做的事是简单的小事。

大家都知道，战场上无小事。很多时候，一件看起来微不足道的小事，或者一个毫不起眼的变化，却能改变一场战争的胜负。战场无小事，这就要求每一位军官和士兵始终保持高度的注意力和责任心，始终具有清醒的头脑和敏锐的判断力，能够对战场上出现的每一个变化、每一件小事迅速作出准确的反应和决断。

"战场上无小事"也同样适用于公司，适用于公司的每一位员工，因为，在工作中也没有小事。

希尔顿饭店的创始人康·尼·希尔顿就是一个注重“小事”的人。康·尼·希尔顿要求他的员工无论饭店本身遭到何等的困难，希尔顿服务员脸上也要永远带着微笑。正是这小小的永远的微笑，让希尔顿饭店的身影遍布世界各地。

其实，每个人所做的工作，都是由一件件小事构成的。士兵每天所做的工作就是队列训练、战术操练、巡逻、擦拭枪械等小事；饭店的服务员每天的工作就是对顾客微笑、回答顾客的提问、打扫房间、整理床铺等小事；你每天所做的可能就是接听电话、整理报表、绘制图纸之类的小事。你是否对此感到厌倦、毫无意义而提不起精神？你是否因此而敷衍应付，心里有了懈怠？请记住：这就是你的工作，而工作中无小事。要想把每一件事做到完美，就必须付出你的热情和努力。

美国标准石油公司曾经有一位小职员叫阿基勃特。他在出差住旅馆的时候，总是在自己签名的下方，写上“每桶4美元的标准石油”字样，在书信及收据上也不例外，签了名，就一定写上那几个字。他因此被同事叫做“每桶4美元”，而他的真名倒没有人叫了。

公司董事长洛克菲勒知道这件事后说：“竟有职员如此努力宣扬公司的声誉，我要见见他。”于是邀请阿基勃特共进晚餐。

后来，洛克菲勒卸任，阿基勃特成了第二任董事长。

在签名的时候署上“每桶4美元的标准石油”，这算不算小事？严格说来，这件小事并不在阿基勃特的工作范围之内，但阿基勃特做了，并坚持把这件小事做到了极致。那些嘲笑他的人中，肯定有不少人才华、能力在他之上，可是最后，只有他成了董事长。

成功不是偶然的。正是对一些小事情的处理方式，已经昭示了成功的必然。无论做什么事情都要求人们必须具备一种锲而不舍的精神，一种坚持到底的信念，一种脚踏实地的务实态度，一种自动自发的责任心。小事如此，大事亦然。

6

将工作当成自己的事业，为公司发展贡献自己的才智

如果你是老板，一定会希望员工能和自己一样，将公司当成自己的事业，更加努力，更加勤奋，更积极主动。因此，当你的老板向你提出这样的要求时，请不要拒绝他。你应该将工作当成自己的事业，为公司发展贡献自己的才智。

将工作当成自己的事业，你就会成为一个值得信赖的人，一个老板乐于雇用的人，一个可能成为老板得力助手的人。更重要的是，你每晚都能心安理得地安稳入眠，因为你清楚自己已全力以赴，已完成了自己所设定的目标。

老板都希望员工将工作当成自己的事业，并且能够在实际工作中迎合自己的期望。在老板的眼中，一位员工如果能够正确抓住老板对他的期望并予以迎合，那么这位员工就是一位“有用而可靠的人”。这样的员工理所当然是老板的“至爱”。

假如某大学生毕业后应聘到一个公司上班。在他进入公司的第一年中，如果能够有条不紊地完成老板布置的工作，工作完成后，老板又没有交办其他的事情给他，在这种时候，老板往往期望他能积极主动地提出工

作要求，比如说："有什么需要我做的事吗？"

经过两三年后，这个人已经完全熟悉公司的情况，能够顺利处理本职位的业务工作。这时，老板就会期望他能够在自己的工作中有一些创意，能够用老板的眼光来检查自己的工作，能够向老板提出一些改进工作的方案等等。换句话说，对他有了更高的工作要求。

到了第四年，这个人已具有足够的业务经验，老板就会希望他能够按照指示的目标和方针去思考实施的步骤，进而具有筹划方案并将其付诸实施的工作能力。

如果这个人进入公司已超过十年，并已升任某个部门的主管，那么，老板就会希望他能够站在更高层次的立场去思考问题，并有能力把眼光放远，带动周围的人去实现自己的想法。他的职位承担着代理老板的职责，所以必须要体会上级的意图，主动协助老板工作。

每一个人都有其与众不同的个性，你的老板也不例外。由于老板的个性不同，他对员工的期望也有差异。举例来说，如果是技术干部出身的老板，其个性上多喜欢按部就班，因此对工作程序的要求非常严格。对于规定的程序，即便是芝麻粒般的小事情，如果员工不遵守，他必定会找毛病，致使有些员工讨厌他，对他采取敬而远之的态度。其实，只要了解他的个性，就会容易了解他的期望。

如果你能全面了解老板独特的个性心理，把工作当成自己的事业，那么，你就能成功把握老板对员工的期望，顺利获取老板对自己的信赖。举个例子来说，比如"提高服务品质"是某公司最高层拟定的本年度工作方针。那么，作为员工就要先看自己的老板对此方针所持的态度，如果你能知道老板对这一方针的理解程度，也就等于掌握住了老板对你的期望。

职场之中，对于那些发个指令按动按钮，才会动一动的"机器"员工，没有人会欣赏，更没有老板愿意接受。任何工作都有改进的可能，再精明的老板也会有百密一疏的时候。这时，你若能在老板提出改进意见之前，抢先把提案奉上，能在“漏洞”扩大之前，及时弥补，无疑会深得老板的欢心。因为对老板而言，只有主动运用自身的智慧，把工作做得比预想还要好的人，才能真正减轻他的压力，让他有足够的时间和精力去思考其他的事情。

因此，假如你正蜗居在被遗忘的角落艰难地生存着；假如你想改变这种尴尬的境况，那么，你就应该将工作当成自己的事业，积极地思考，积极地对待每一件工作。在接到老板的工作指派后，千万不要认为：“我做得再多，再出色，得好处的还是老板，于我无益。”而是要努力提升自己的思维，尽可能使它达到更高的、更新的境界。如果你这样做了，相信用不了多长时间，你就会给老板留下深刻的印象，处境的改善也就会指日可待了。

7
将热情注入工作，释放自己的潜能

有句谚语是这么说的："湿柴点不着火。"缺乏热情，不是工作的问题，而是你的"易燃指数"不够让热情的火燃烧起来。点燃你心中对工作的热情之火，不但会使你的事业之火越烧越旺，也会使你的工作效率成倍提高，随之一切都会好起来的。

对工作的热情是你责任心和上进心的外在表现，这是任何老板都愿意看到的。而沮丧的人不可能取得高效的业绩，办公也会浪费许多宝贵的时间，这种浪费是哪个老板都不期望看到的。

热情洋溢的工作态度对职场的影响是巨大的，没有一个人愿意与整天萎靡不振的人交往。同样，没有一个公司愿意招聘一个整天提不起精神的人，更没有一个老板愿意重用一个情绪低落、整日牢骚满腹的员工。和那些在工作上不太如意的人聊一聊，就不难发现他们牢骚满腹、怨天尤人、愤愤不平、寻找借口，这是他们性格上的缺陷造成的麻烦。他们不明白一个基本的职场原则：奖赏只属于那些对工作有热情的人。

美国著名人寿保险推销员弗兰克·帕克就是凭借着对工作的热情，提高了他的办公效率，从而创造了一个又一个的奇迹。

刚开始帕克先生在做职业棒球运动员时，就遭受到了一次很大的打击——他被球队开除了，原因是他的动作无力、没有激情。球队经理对帕克说："你这样对职业没有热情，不配做一名职业棒球运动员。无论你到哪里做任何事情，若不能打起精神来，你永远都不可能有出路。"

后来，帕克先生的一个朋友给他介绍了一个新的球队。在到达新球队的第一天，帕克先生做出了一生中最重大的转变，他决定要做美国最有热情的职业棒球运动员。结果证明，他的转变对他具有决定性的意义。帕克先生在球场上，就像装了马达一样强力地击出高球，接球人的手臂时常被震得麻木。有一次，帕克先生像坦克一样高速冲入三垒，对方的三垒手被帕克先生强烈的气势镇住了，竟然忘记了去接球，帕克先生赢得了胜利。

热情给帕克先生带来了意想不到的结果，他的球技好得出乎自己的想象。更重要的是，由于帕克先生的热情感染了其他的队友，大家也变得激情四溢，最终球队取得了前所未有的佳绩。当地的报纸对帕克先生大加赞扬："那位新加入球队的球员，无疑是一个霹雳球手，全队的人受到他的影响都充满了活力。他们不但赢了，而且还打出了本赛季最精彩的一场比赛。"

然而帕克先生呢？由于对工作和球队的热情，他的薪水也由刚入队的五百美元提高到约四千美元，是原来的8倍。在以后的几年里，凭着这一股热情帕克先生的薪水又增加了约50倍。

你一定会为帕克先生的热情所折服，但故事到此并没有结束。后来由于腿部受伤，帕克先生离开了心爱的棒球场，来到一家著名的人寿保险公司做保险推销员。尽管头一年没什么业绩。但帕克先生凭借着同当年打棒球一样的工作热情继续拼搏，很快就成了人寿保险界的推销至尊。他深有感触地说："我从事推销30年了，见到过许多人由于对工作抱有的热情态度，他们的收效成倍地增加；我也见过另一些人，由于缺乏热情而走投无路。我深信，热情的态度是成功推销最重要的一个因素。"

工作其实就像一座煤山，热情就是火种，用热情去点燃这座煤山，工作就会燃烧起来，并释放出巨大的能量。热情的态度是做一切事情的必要条件。任何人只要具备了这个条件，就可能获得成功。

在这个社会中，职场人士承担着巨大的有形或者无形的压力。同事之间的竞争，工作方面的要求，以及一些日常生活上的琐事，无时无刻不在禁锢着我们的心灵。于是，在种种的压力与禁锢之下，无精打采、垂头丧气和漠不关心扼杀了我们心中对事业的热忱和美好的追求。从热爱工作到应付工作再到逃避工作，我们的职业生涯也会遭到毁灭性的打击。在老板眼中，你也由一个前途无量的员工变成了一个不称职的员工。

每一件事情对于人生都具有十分深刻的意义。你是砖石工或泥瓦匠吗？可曾在砖块和砂浆之中看出诗意？你是图书管理员吗？经过辛勤劳动，在整理书籍的缝隙，是否感觉到自己已经取得了一些进步？

若想在工作上取得成就，让老板对你青睐有加，就要提高自己的办公效率，为老板创造更多的利润，这就需要我们保持对工作的热情。人生目标贯穿于整个生命，你在工作中所持的态度，使你与周围的人区别开来。日出日落、朝朝暮暮，它们或使你的思想更开阔，或使其更狭隘，或使你的工作变得更加高尚，或变得更加低俗。

那些对工作缺乏激情的人，总认为工作是枯燥乏味，缺少乐趣的。工作对我们而言究竟是乐趣还是枯燥乏味的事情，这是我们自己的思想决定的，而不是工作本身。如果你只把目光停留在工作本身，那么即使你从事的是最喜欢的工作，依然无法持久地保持对工作的热情。如果在拟定合同时，你想的是一个几百万的订单，搜集资料、撰写标书时，你想到的是招标会上的夺冠，你还会认为自己的工作周而复始、枯燥无味吗?

如果一次又一次地让心灵背负沉重的包袱，你将会发现自己越来越不情愿付出必要的努力或牺牲来达到目标，因为这一目标现在看起来并不像当初那样具有吸引力了；相反当你激情勃发、满怀热情和干劲儿时，任何事都将变得轻而易举。工作时神情专注，走路时昂首挺胸，与人交谈时面带微笑……这些会让老板觉得你是个值得信赖的人。越是疲倦的时候，就越要穿得好，显得越有精神，让人完全看不出你的一丝倦容，让人觉得你的办事效率高。

热情对于一个职场人士来说，就如同生命一样重要。拿破仑·希尔博士说：“要想获得这个世界上的最大奖赏，你必须拥有过去最伟大的开拓者所拥有的、将梦想转化为现实的献身热情，以此来发展和销售自己的才能。”成功的人和失败的人在技术、能力和智慧等各方面的差别通常并不很大，但是就算两个人各方面条件都差不多，具有热情的人将更容易如愿以偿。因为从某种程度上说，热情比智慧更重要。凭借热情，你可以把工作变得生动有趣，使自己充满活力；凭借热情，你可以释放出巨大的潜能，发展自己坚强的个性。这一切都可以让你获得老板的提拔和重用，从而赢得宝贵的发展机会。

第五章

负责任的精神是忠诚的表现

1

责任与忠诚——择业的奠基石

在一项对世界著名企业家的调查中，当被问到“您认为员工应具备的最重要的品质是什么”时，他们几乎无一例外地选择了“忠诚”。

忠诚是职场中最应值得重视的美德，因为每个公司的发展和壮大都是靠员工的忠诚来支撑的。如果所有的员工对公司都不忠诚，那这个公司的结局就是破产，那些不忠诚的员工也会自食其果面临失业。

一个员工，只有具备了忠诚的品质，他才能对所在公司负责。一个企业，只有获得所有员工的忠诚，才能发挥出团队力量，拧成一股绳，劲儿往一处使，从而推动公司走向成功。

忠诚在人格中居于主导地位。日常生活中，忠诚不只是消极被动地去施加影响，而且起着强有力的规范作用，每时每刻都在塑造着人格。没有这种主导力量的影响，人格就失去了保护伞，面对种种的诱惑，随时可能发生叛变失节的危险。

任何一种诱惑都可能使人屈服，做出卑鄙或不诚实的事情来。不管程度多么轻微，都将导致自我的堕落。这种堕落不取决于你的行动成功与否，不取决于你的行动被人发现与否，只是你不再是从前的你了，你会时时感到不安宁，时时自责。

对于员工而言，忠诚于公司，你得到的不仅仅是公司对你更大的信任，还会让人感受到你人格的力量。如果你背叛了公司，背叛的代价就是给自己的人格和尊严抹上污点。下面的例子足以说明这点。

杰克到一家IT公司面试。杰克的工作能力无可挑剔，但是面试人员却提出了一个令杰克很失望的问题。

“我听说，你曾帮助一位朋友的公司开发了一个新的应用程序软件，据说你提了很多有价值的建议。我们公司也正在策划这方面的工作，你能否透露一些朋友公司的情况？你知道这对我们很重要，而且这也是我们为什么看中你的一个原因。请原谅我的直白。”面试官说。

“你问我的问题令我感到失望，同样，我的回答也会使你失望的。很抱歉，我有义务忠诚于我的朋友，无论何时何地，我都必须这么做，与获得一份工作相比，忠诚守信对我更重要。”杰克说完就走了。

朋友都替杰克惋惜，他却为自己所做的一切感到坦然。

没过几天，杰克收到了这家公司的一封信。信上写着：“亲爱的杰克，祝贺你被我公司录用了，不仅因为你的专业能力，更重要的还有你的忠诚。”

这家公司一直很看重员工的忠诚度。他们相信，一个能对自己原来的公司、朋友忠诚的人，也将会对自己的公司忠诚，会与公司同舟共济，共谋发展。

一个人的忠诚，不仅不会让他失去机会，相反会让他赢得机会。不仅如此，还能赢得老板和同事对自己的尊重和敬佩。取得成功的因素不光是一个人的能力，还有他优良的道德品质。因此，阿尔伯特·哈伯德说：“一盎司的忠诚相当于一磅的智慧。”

假如忠诚是一个人的财产，并且他知道和感觉到遵守这一原则是正确的，那么仅仅是忠诚的意义在生活中也是十分重要的。忠诚使一个人保持正直，给他以力量和耐力，并且也是一个人保持精力充沛的主要动力。本杰明·鲁迪亚德曾经说过：“没有谁必须要成为富人或伟人，也没有谁必须要成为一个聪明的人，但每一个人必须要做一个忠诚的人。”

刚走向社会的年轻人，在他的父母、导师、雇主或其他人的眼中，最可贵的品质恐怕就是忠诚了。但一些年轻人却视忠诚为身外之物，对忠诚的认识存在着令人扼腕痛惜的误区。他们认为不管从事什么样的工作，只要把工作做好就行了，至于其他因素可以不予考虑。当被问及对老板忠诚这个问题时，他们会这样辩解：“忠诚有什么用呢？我又能得到什么好处？”忠诚并不是为了增加回报的砝码，如果是这样，就不是忠诚，而是交换。我们应该明白，在这个世界上，并不缺乏有能力的人，既有能力又具备忠诚素质的人，才是公司渴求的理想人才。企业往往宁愿信任一个虽然能力差一些，却足够忠诚敬业的人，也不愿重用一个表里不一、言而无信的人，这样可以避免让整个公司陷入勾心斗角、尔虞我诈的复杂人际关系之中。

一个忠诚的员工，无论是在有人或是无人的场合，都会正确地行事。当有人问他在没有其他人在场的情况下，为什么不拿一些珍珠放在自己的口袋里时，他会回答说：“不，有人在场，我自己在看着我自己呢。我绝不会让自己去做一件不诚实的事情。”

乔治到一家钢铁公司工作还不到一个月，就发现很多炼铁的矿石并没有得到完全充分的冶炼。如果这样下去的话，公司会有很大的损失。乔治接连找到负责这项工作的工人和工程师，但他们对此都不以为然，并没有像乔治那样把这看成是一个大问题。

于是乔治拿着没有冶炼好的矿石找到了公司负责技术的总工程师，他说：“先生，我认为这是一块没有冶炼好的矿石，您认为呢？”

总工程师看了一眼，说：“没错，年轻人，你说得对。哪里来的矿石？”

乔治说：“是我们公司的。”

“怎么会？我们公司的技术是一流的，怎么可能会有这样的问题？”总工程师很诧异。

“工程师也这么说，但事实确实如此。”乔治坚持说道。

“看来是出问题了，怎么没有人向我反映？”总工程师有些发火了。

总工程师召集负责技术的工程师来到车间，果然发现了一些冶炼并不充分的矿石。经过检查发现，原来是监测机器的一个零件出现了问题，才导致了冶炼的不充分。

公司的总经理知道了这件事之后，不但奖励了乔治，而且还晋升乔治为负责技术监督的工程师。总经理感慨地说：“我们公司并不缺少工程师，但缺少的是负责任的工程师，这么多工程师就没有一个人发现问题，就算有人提出了问题，他们还不以为然。对于一个公司来讲，人才是重要的，但是更重要的是对公司忠诚的人才。”

从一个刚刚毕业的大学生成为负责技术监督的工程师，对乔治而言，这可以说是他工作中的一个飞跃，而这第一步的成功就是源于他对公司的忠诚。

由此可见，老板在用人时不仅仅看重个人的能力，更看重个人的品德，而品德最为关键的是忠诚。忠诚又很有工作能力的员工，不管走到哪里，都是讨老板喜欢的人，都会成为老板的得力助手；而那些三心二意，斤斤计较个人得失的员工，就算他的能力无人能及，老板也不会委以重任的。

2

工作精神直接映射忠诚度

我们常常认为，只要准时上下班，不迟到，不早退，就算完成工作了，就可以心安理得地去领工资了。其实，工作首先是一个态度问题，工作需要认真和尽力，需要踏实和勤恳，更需要积极主动，敢于承担的精神。只有那些善于思考，全身心地投入工作的员工，才会获得老板更多的赞赏。

拉封丹指出:“无论做任何事情，都应遵循的原则是：追求高层次。你是第一流的，你应该有第一流的选择，在工作中加入‘投入’两字。”

善于思考，全身心投入工作是一种工作的精神特质，代表一种积极工作的精神力量，这种力量不是一成不变的，而是不稳定的。不同的员工，投入程度与表达方式不一样。哪怕是同一个员工，在不同情况下，投入程度与表达方式也不一样。但总的来说，工作投入是人人具有的，善加利用便可以转化为一种巨大的能量。

你要时刻告诉自己，你做的事情正是你最喜欢的，然后积极主动地去做，使自己感到对现在的职业已很满足。还有，你要表现得很投入，告诉别人你的工作状况，让他们知道你为什么对这项职业感兴趣。再熟悉的工作，再简单的工作，你都不可掉以轻心，都不可没有投入。

许多人工作是茫然的，没目标的。他们每天在茫然中上班、下班，到了固定的日子领回自己的薪水，高兴一番或者抱怨一番之后，继续茫然地去上班、下班……周而复始。他们从不思索关于工作的问题：什么是工作？工作是为什么？可以想象，这样的人只是被动地应付工作，为了工作而工作，他们不可能在工作中投入自己全部的热情和智慧。他们只是机械地完成任务，而不善于思考，不能全身心地投入到工作中去。

卓有成效和积极主动的人，他们总是在工作中付出双倍甚至更多的智慧、热情、信仰、想象和创造力，而失败者和消极被动的人，却只是逃避、指责和抱怨。

对每一个公司和老板而言，他们需要的绝不是那种仅仅遵守纪律、循规蹈矩，却缺乏热情和责任感，不能够全身心地投入到工作中去的员工。

工作就是全身心的投入，工作就是付出努力。正是为了成就什么或获得什么，我们才专注于什么，并在那个方面付出精力。从这个本质的方面说，工作不仅仅是一个关于干什么事和得多少报酬的问题，而是一个关乎生命的问题。工作不是我们为了谋生才去做的事，而是我们用生命做的事。

随时准备把握机会，展现超乎他人要求的工作表现。知道自己工作的意义和责任，并永远保持一种全身心投入的工作态度，为自己的行为负责，这是那些优秀的员工和凡事得过且过的员工最根本的区别。

明白了这个道理，并以这样的眼光来重新审视我们的工作，工作就不再成为一种负担，即使是最平凡的工作也会变得意义非凡。

每个老板都希望自己的员工善于思考，能事外想事、事内干事，能全身心地投入工作，带着思考工作。不要在上班时间跟他人闲聊，不要接听冗长无聊的电话，更不能“身在曹营心在汉”，想着“外面的世界多精彩”或者家里的煲汤香浓浓，心猿意马，魂不守舍。你应该做的是把全部的心思和精神都投注于自己手头的工作上，有效地提升工作效率，提高工作质量。

进入职场后，也许你所面对的只是一些简单的或是艰苦而单调的工作。你可能对这些工作毫无兴趣。然而，这正是考验你积极性的时刻。你应该学会控制自己偷懒或厌倦的心理，充分适应这些工作，并显示出你对工作的全身心投入。

也许你会暗暗担心，自己虽然“积极、肯拼”，但专业知识尚有欠缺，工作经验也非常有限。其实，这些都不要紧，只要你肯拼、肯用心，积极地面对工作，你就是老板眼中的可造之才。

因此，如果你在职场中屡屡遭受失败的打击，总难得到老板的垂青，不妨静心自省：在工作时，我是始终如一地保持事外想事、事内干事的全身心投入态度呢，还是总提不起劲？如果答案是前者，你最好耐心一点，“事外想事、事内干事”定会让你离梦想越来越近；如果是后者，你离梦想越来越远则是意料之中的事。

一个人的工作精神，也决定了他在事业上的成就。所以，我们应该以积极、认真、全身心投入的精神去对待自己的工作。只要你这么做了，你就会发现，你从中受益匪浅！与其绞尽脑汁地想着自己怎样能够“混”下去，还不如简单一点，将这些精力放在工作上，说不定你在工作上、事业中能够取得非凡的成绩！因为一个人的工作精神折射着一个人的人生态度，而人生态度决定了人一生的工作成就。

3 关键时刻要敢于挺身而出

如果只是一味地闷头做事，至多给老板留下一个踏实肯干的印象。要使自己的职业生涯不断突破，这显然远远不够。若想取得老板、老总的格外赏识，就要在关键时刻露一手，别人想不到的你想到了，别人干不成的你完成了，尤其在老板心急火燎的事情上，你如果能给他一个意外的惊喜，想不被提升都难。

常言道，疾风知劲草，烈火炼真金。只有在关键时刻，老板才会真正地认识和了解下属。人生难得的是机遇，不要错过表现自己的好机会。当某项工作陷入困境之时，你若能大显身手，定会让老板格外器重你。

安德烈·卡耐基是美国宾夕法尼亚州一座停车场的电信技工，一天早上，调车场的线路因为偶发的事故陷于混乱。

此时，他的老板还没上班，该怎么办？他并没有“当列车的通行受到阻碍时，应立即处理引起的混乱”这种权力。如果他胆大包天地发出命令，轻则可能卷铺盖走人，重则可能锒铛入狱。

一般人可能说：“这并不干我的事，何必自惹麻烦？”可是卡耐基并不是平庸之才，他并未畏缩旁观。他私自下了一道命令，在文件上签了老板的名字。

当老板来到办公室时，线路已经整理得同从来没有发生过事故一般。这个见机行事的青年，因为露了漂亮的这一手，大受老板的称赞。

公司总裁听了报告，立即调他到总公司，升他数级，并委以重任。从此以后，他就扶摇直上，谁也挡不住了。

卡耐基事后回忆说："初进公司的青年职员，能够跟决策阶层的大人物有私人的接触，成功的战争就算是打胜了一半——当你做出分外的事，而且战果辉煌时，不被破格提拔，那才是怪事！"

有这样的情形，主持会议的老板是一个铁腕人物，大家因崇拜而磨灭了自己的见识，于是会议顺利进行。智者千虑，必有一失；愚者千虑，必有一得。当你发现决议有问题，就应该鼓足勇气提出来。要知道，你可能穷尽毕生努力也不会得到别人的赏识，而抓住这一机会，就可能把你的能力和价值展现给同事和老板，特别是意见未采纳，人们更会在后来的失败中忆起你的表现，赞叹你的英明。

日本的笑话故事书《长屋赏花》里有这样一个小故事：有一位穷人到郊外去赏花，附近都住着生活很奢侈的人，他看了不禁感慨地说："大家都打扮得这么漂亮，衣着艳丽，我身上穿的也是衣服，不过太破旧了，简直还不如他们的抹布呢！"房东听到这句话，立刻申斥他说："把每个人身上的皮都剥下来，大家都只剩下尸骸与骨头，有什么自卑的必要。"

在感到对方的威严而胆怯时，就要立刻去想出他与你的共通点：剥去皮，大家都一样，自己就再也没有畏缩的必要了。再进一步，如果能够找出对方的毛病，你的信心更会大增。但这不是教你投机取巧，做到关键时刻挺身而出只是让自己脱颖而出的因素之一。要想取得理想的结果，还须注意以下几个问题：

①要实干，但也要适时表现。所谓适时，一是要找到恰当的事情动脑筋，如扫地抹桌子，就有可能会被提升为清洁组组长；二是要在显山露水时，不要过于扎眼，以免遭受众人谴责而树立敌手。

②显能耐不宜过频过多。天天都干出格的事，人们再也不会觉得你有什么稀奇处，只能被骂作爱出风头而已。所以你总是要留一些绝招，留些余地。

③要打消顾虑，多在心里挑对手和老板的毛病，便不会再羞羞答答了。

4 关注自身形象，不给公司造成不良影响

仪表，是指一个人的外在表象，由容貌发型、服饰构成。人的仪表可以反映出一个人的精神状态和礼仪素养，左右着人们交往的“第一印象”，对于社交的成功和事业的顺利均有较大的影响。

人与人的接触频繁而又短暂，要让别人对你留下一个深刻的印象并不容易。和别人交往的短暂瞬间，将自己干净、整洁的健康形象展示给对方，以形成良好的视觉“冲击力”，别人自然而然就会对你心生好感。讲究仪表，就会让你气度不凡；干净利落，才能让人耳目一新，大加赞叹。公司中穿戴得体，符合公司形象，自然会赢得同事们的喝彩。

衣着能显示一个人的修养、情操和品行，它往往是信用的象征、个性的象征，所以当然不能等闲视之。美国甚至有人出了一本《成功的穿衣法》，以具体数字印证成功人士与穿

衣之间的密切关系。

出入公共场合时，要特别注意自己的仪表，保持穿戴整洁。根据人际吸引的原则，一个人风度翩翩，俊逸潇洒，能产生使人乐于交往的魅力；不修边幅、肮脏、邋遢的人不会吸引他人的太多注意力。衬衫领子污黑，皮鞋沾着泥点，西服皱巴巴的，污迹斑斑，头发蓬乱，指甲里满是污垢，这个样子出现在公共场合是缺乏修养的表现，会失去自身的尊严。

任何人对这种满身不清洁的人都不会信任的，都不会留下一个好印象的。日本松下电器公司创始人松下幸之助在他的日记里曾记下了这么一件事：

有一段时间，因为事太多工作又忙，他很久没有理发、洗澡、刮胡子了，身上的衣服来不及换洗也是脏兮兮的。他去一家理发店理发，理发师忍不住客气地批评他太不重视自己的容貌和衣服了，理发师对他说：“你是公司的代表，却这样不修边幅，邋遢不洁，别人会怎么想，试想如果当老板的都这样随便，你想他公司的产品还会好吗？”

这位理发师的话是很有道理的：一个衣衫不整，邋邋遢遢，没有精神的人，是不可能赢得他人的好感和信任的，这等于在接触的一开始，你就为自己埋下了失败的种子。

有的人不爱修边幅，还给自己找了一个冠冕堂皇的理由：成大事者不拘小节。其实更多的时候，大多数的人并不认同这一点。

衣冠不整、蓬头垢面很容易让人联想到失败者的形象，而完美无缺的修饰和宜人的打扮，能使你在团体中的形象大大提高。

着装的第一个规则，是整齐顺眼，也就是清清爽爽。整天坐在办公室的职员，或接触顾客的营业人员，要是穿着脏兮兮的衬衫，皱巴巴的裤子，一副精神散漫的模样，谁都不会对他产生好印象。谁都要心存戒意，吃亏的总是你自己。

假设有两个部属，才华相等，效率也在伯仲之间。如果只能提升一个人，老板最后通常会依他们平时的仪表给他的印象来取舍。

职场中人为适应社会而对自身的适度包装，是非常必要的。因为包装是人对自身内在美和外在美的追求，是让别人更多地了解自己，从而实现自我价值的一种积极手段。

小琳任职于北京一家影响力颇大的国际公司，职位是企划总监。

一次，一位广州的老朋友来北京办公务时，送了小琳一只迪奥马鞍手提包。小琳很喜欢这个造型奇特的世界名牌提包，第二天上班就拎到了公司。

刚好老总夫人也在公司，和小琳聊了几句之后，还看了看她的包。老总夫人是个特别讲究衣着的人，但看了小琳的包后什么也没说，岔开话题聊起了别的事。

小琳当时并没在意，但第二天发生的事情让她始料未及。当天一上班，老总就将小琳叫到办公室一顿训斥："我一年给你的薪水数超过20万元，难道买不起一个真包吗？"刚听这话时小琳一愣，几秒钟之后才反应过来——那个迪奥包是假货。接下来，老总的话让小琳听到了心里，"你的样子代表了公司的形象，如果你带了一只假包被外商撞见，他们会怎么想？也许公司因为这个小细节就失去了信赖。面对客户和员工，你的衣着打扮都不是小事儿。"

小琳觉得老总说的话很有道理。小琳心想：假若我面对一个衣衫不整的员工，我也会怀疑，这个人有能力做好自己的事情吗？

产品尚且需要良好的形象才能推销出去，现在的职场人士要想成功，更需要树立良好的工作形象。

5
欣赏和赞美自己的上司

要知道，他之所以成为我们的上司，一定有许多我们所不具备的特质，这些特质使他超越了你。也许你的上司并不比你高明，但只要他是你的上司，你就必须服从他的命令，并且努力去发现那些他优于你的地方，尊敬他、欣赏他、向他学习。如果我们都抱着这样的心态，即使彼此之间有种种隔阂，有许多误解，也会慢慢消解的。

每个人身上都可能拥有我们所欣赏的人格特质。玛格丽特·亨格佛曾经说过："美存在于观看者的眼中。"每个人都是相当复杂的综合体，融合了好与坏的感情、情绪和思想。我们对他人的想象，往往奠基于自己对他人的期望之中。

如果我们相信他人是优秀的，就会在他身上找到许多好的人格品质；如果不这样认为，就无法发现他人身上潜在的优点；如果我们本身的心态是积极的，就容易发现他人积极的一面。当我们不断提高自己时，别忘了培养欣赏和赞美他人的习惯，认识和发掘他人身上优秀的特质。

看到他人的缺点很容易，但是只有当你能够从他人身上看出优秀的品质，并由衷地欣赏他们的成就时，你才能真正赢得友谊和赞赏。

这个道理同样适用于我们的上司。然而，正由于他是上司，我们并不能十分容易做到这一点。作为公司的管理者，他自然会经常对我们的许多做法提出批评，经常会否定我们的许多想法，这些都会影响我们对他做出客观的评价。

大多数人都有嫉妒之心，无法面对那些比我们优秀的人。这一点正是阻挡大多数人迈向成功的绊脚石。成功学家告诉我们：提升自我的最佳方法就是帮助他人出人头地。当你努力地帮助他人时，人们一定会回报你。如果我们能衷心地欣赏和赞美自己的上司，当他们得到升迁，当公司得到成长时，他一定会对你有所回报——是你的善行鼓舞了他这样做。

在职时要赞美自己的上司，离职后同样也要说过去上司的好话。一位曾经聘用过数以百计员工的管理者曾谈起自己招聘人的心得："面谈时最能体现出一个人思想是否成熟，心胸是否宽大，这可以从他对刚刚离开的那份工作说些什么来判断。前来应征的人，如果只是对我说过去雇主的坏话，对他恶意中伤，这种人我是无论如何也不会考虑的。"

"也许一些人的确是因为无法忍受老板的压迫而离职的，"他继续说，"但是聪明的做法应该是，不要去谈论那些不愉快的旧事，更不要因自己所遭受的不公正待遇而耿耿于怀。"

许多求职者以为指责原来的公司和老板能够提高自己的身价，于是信口开河，说三道四。这种做法看似聪明，实则愚蠢，其中的道理不难理解。

所有公司都希望员工保持忠诚，每个老板都希望能吸引那些对公司忠诚的员工，并总是将那些过河拆桥的人拒之门外。如果他今天为了谋取一份工作而将原来的雇主说得一无是处，谁能保证明天他不会将现在的公司批驳得体无完肤呢?

对以前就职的公司和老板做一些无伤大雅的评价未尝不可，但如果这种评价带有明显的个人色彩，就可能变成一种不负责任的人身攻击，反而会引起现在老板的反感。此外，许多公司和机构在招聘一些重要职位时，通常会通过各种手段、渠道来了解应聘者在原公司的表现。世上没有不透风的墙，当你的攻击传回原单位后，别人对你的评价就可想而知了。

曾有一位年过四十的人，在最近的一次公司改组中失去工作。被解聘之后，他逢人就诉说自己所遭受的不公平待遇，他会告诉你整个公司上下都依靠他，而最后自己却被人恶毒地扳倒了。

他诉苦时的表现使人们越来越相信，他被解聘是咎由自取。如今，他依然还在失业中。如果这一点没有彻底改观，对他而言，失业的岁月会相当漫长。

在工作中要知道欣赏和赞美自己的上司或老板。任何人身上都可能拥有你所欣赏的人格特质。不要戴着有色眼镜去看人，这样是不妥的，请不要把你的欣赏和赞美的心收起来。

拿出你的专业精神，敞开你的心扉，把欣赏和赞美的心释放到你认为完美的程度。

6
像老板一样思考，培养主人翁意识

全美最著名的企业家之一查尔斯·齐瓦勃先生在钢铁大王安德鲁·卡耐基的工厂做工的时候，发誓要做厂里的经理。他不计较薪水的高低，只是努力工作，使自己工作所产生的价值远远超过所得的薪水，努力做出成绩来给老板看。他心情愉快地工作着，一步一步取得了巨大成就。

齐瓦勃出生于一个贫困家庭，只受过短期的学校教育，15岁至17岁在家乡做马夫。后来，获得了一个周薪为25美元的工作机会，并时刻留意其他的工作机会。再后来，应邀去卡耐基钢铁公司的一个建筑工地工作，逐步升任技师、总工程师、房屋建筑公司经理、卡耐基钢铁公司总经理、全美钢铁公司总经理，最后是贝兹里罕钢铁公司总经理。他有决心，肯努力，不畏难，干任何事情都非常乐观而愉快。他总结自己成功的心得是：努力从全局角度考虑问题。

一个职员要想迅速获得提升，只要去做成一件同事无法做或做不成的重要工作就可以了。如果一个人处处替公司、替老板着想，那么他的老板自然会逐渐重视他。

杰克是某公司国际市场部的总经理助理。一天，他接到了一项紧急任务，要根据老板的笔记准备好业务进展曲线图表。起草图表时，他注意到老板写道："美元坚挺，则出口就会增加。"杰克知道，事实恰恰相反。于是，他便通报老板，告知已经纠正了这一错误。

老板很感谢杰克发现了他的疏忽。当第二天向上呈报未出丝毫纰漏后，老板对杰克做出的努力再次道谢。不久，杰克发现自己的薪酬有所增加。

老板并非全才，在工作中他也会遇到许多难题。这些难题也许不是你分内的工作，可是这些难题的存在却阻碍着团队的前进，如果你能够帮助老板解决这些难题，无疑，你在成功的路上会进展得更快。

另一位成功人士曾经讲述自己是如何走上富裕道路的。

"50年前，我开始踏入社会谋生，在一家五金店找到了一份工作，每月才挣75美元。有一天，一位顾客买了一大批货物，有铲子、钳子、马鞍、盘子、水桶、箩筐等。这位顾客过几天就要结婚了，提前购买一些生活和劳动用具是当地的一种习俗。货物堆放在独轮车上，装了满满一车，就是骡子拉起来也有些吃力。送货并非我的职责，而完全是出于自愿——我为自己能运送如此沉重的货物而感到自豪。

一开始一切都很顺利，但是，车轮一不小心陷进了一个不深不浅的泥潭里，我使尽吃奶的劲都推不动。一位心地善良的商人驾着马车路过，用他的马拖起我的独轮车和货物，并且帮我将货物送到顾客家里。在向顾客交付货物时，我仔细清点货物的数目，一直到很晚才推着空车艰难地返回商店。我为自己的所作所为感到高兴，但是，老板却并没有因我的额外工作而称赞我。

第二天，那位商人将我叫去，告诉我说，他发现我工作十分努力，热情很高，尤其注意到我卸货时清点物品数目的细心和专注。因此，他愿意为我提供一个月薪500美元的职位。我接受了这份工作，并且从此走上了致富之路。"

我们不应该抱有"我必须为老板做什么"的想法，而应该多想想"我能为老板做些什么"。一般人认为，忠实可靠、尽职尽责地完成分配的任务就可以了，但这还远远不够。尤其是对于那些想在工作中取得成功的人来说，必须做得更多、更好。

每一个老板都是精明的，对于员工的工作成绩老板都了如指掌，不要以为老板每天只是坐在豪华的办公室里看报喝茶，其实每个老板都希望员工的工作能超出自己的期望，带着思考工作而不是机械地工作。身为员工，不能按部就班地去执行老板的指令，而是要像老板一样去思考，这样才能提高工作效率，为公司创造更多的财富，而自己也才能有更多的机会。

一般说来，具有老板那样的全局观并时刻和老板保持一致，帮助老板取得成功的人，往往最终会成为公司的中坚力量，自己也会成为令人艳羡的成功人士。

7
为老板分忧解难

一般来说，老板愿做大事，不愿做小事；愿做“好人”，而不愿充当得罪人的“坏人”。此时，老板很希望有一个下属出来分担责任，为他分忧解难。

某饮食公司因产品质量问题，引起社会公众的投诉。电视台记者到该饮食公司采访时，最先碰到经理助理杨阳，杨阳怕承担不起责任，就对记者推卸道：“我们老板正在办公室，你们有什么事直接去问他吧。”这下可好，记者闯进老板办公室，把老板逮个正着，老板想躲也躲不开了，又毫无心理准备，只好硬着头皮接受了采访。事后，老板得知杨阳不仅未提前给自己报信，还推卸责任，很生气，很快就把杨阳炒“鱿鱼”了。

杨阳的做法值得我们深思：记者因产品质量问题采访，这本身就不是件光彩的事。此时，老板最需

要下属挺身而出，甘当马前卒，替自己演好这场“双簧”戏。他除了应该实事求是地讲明问题的原因外，还应该维护老板的面子，替老板分忧，而不该把事情全推到老板一人身上了事。当然，这是一项比较艰难而且出力不讨好的任务，一般情况下老板也难以启齿对下属交代，只有靠揣测老板的意思然后硬着头皮去做。做好了，老板心里有数，但不一定有什么明确的表扬；如果下属粗心或不看眼神，把老板弄得很尴尬，老板肯定会在事后发火。

老板管辖范围的事情很多，但并不是每一件事情他都愿意干、愿意出面、愿意插手。这就需要有一些下属去干，去代老板摆平，甚至要出面挡驾，替他分忧解难。

小陈是某信访办公室的科员，每天都会遇到大量要求见领导解决问题的上访者。领导精力有限，如果事事都去惊动领导，势必影响领导集中精力做好事关全局的工作，并且也会认为下属未承担起自己的职责。每当这时，小陈总是利用自己的特殊身份，勇敢地站出来，摸清情况，解决纠纷，进行协调，必要时还使用一些强制手段把问题处理好。在排除无理取闹、胡搅蛮缠的因素以后，一旦查实确有重大问题，再向领导请示。问题在他这儿总能处理得有条不紊，众人心服，获得了领导的赞扬。

挡驾是件得罪人的事，但同样也是一门艺术。

在企业里，如果做得不够，事事呈给老板，就会加重老板的负担；如果做得过分，则会影响老板与下属的关系。所以，就需要下属敢于负责任，对情况予以核实和整理，最后征求老板的处理意见。只要处理得体，你的良苦用心就会为老板所理解，对你给予更多的鼓励，这就为此后建立良好的关系奠定了一个有利的基础。

老板并非全才，在工作中也会遇到许多难题。这些难题也许不是你分内的工作，却阻碍着整个公司的发展。如果你能够帮助老板解决这些难题，毫无疑问，你将会晋升得更快。

在现代职场上，越来越多的人已经开始意识到以下的变化趋势:

第一，个人利益与公司利益紧密地结合在一起，只有公司发展壮大了，员工的个人利益才能得到保障。

第二，员工个人才华的有效发挥越来越离不开公司。只有在公司中找到合适的工作平台，才能尽可能地施展所学与专长。

第三，员工的个人事业发展离不开老板。员工如果处处从老板的角度为其着想，在工作上竭尽所能，也就有可能在个人的事业发展上有所建树，有所成就。

员工与老板，是互惠互利，创造双赢的合作者。作为员工不要忘了自己的角色，你需要时刻为公司利益着想，主动为老板分忧解难，长此以往总有一天老板会给你理想的回报。

8

给老板以同情和理解

为什么人们能够轻而易举地原谅一个陌生人的过失，却对自己的老板耿耿于怀呢？具有专业精神的员工会给老板以同情和理解，往往在发生利益冲突时，他们会站在对方的立场上考虑，这就是有专业精神员工的成功之处。专业精神对于你来说，也许不算什么，但是当你真正拥有它时，你会觉得它的威力不可忽视。

现代社会，员工与老板的角色转换也就是一瞬间的事，今天还是员工，明天就自立门户也当上了老板；今天还是老板，一夜之间破产了，你就是员工。可值得思考的是，在完成了从员工到老板蜕变的同时，你是否有这种感觉，以前总是认为老板太苛刻，现在却觉得自己的员工并不令人满意，缺乏工作热情、敬业精神及主动性。其实，什么都没有改变，改变的只是看待问题的角度和方式而已。

唐岩在一家私人公司打工，和公司的其他员工相比，老板对他还算器重，唐岩也非常感激老板，试图尽最大的努力帮助老板。他经常和老板交流行业常用的或已经被证实行之有效的管理方式，并指出了一些公司当前的弊端和不足。老板也认可这些做法，知道了这些弊端和不足，并交代他会想办法解决这些问题，所以，唐岩尽其所能想了一些办法征得老板的认可，但事实上公司并没有丝毫的改变。

这令唐岩困惑不解。“如果说是我的能力有限，他完全可以自己想办法解决，但既然他认可，又为什么不做呢？我的建议是对公司有好处的，比如加强公司的团队合作、为公司员工创造相对公平、合理的竞争环境等。这可是他自己的公司啊！我真的不理解，也想不通！”

类似的问题有很多，是个普遍存在的问题。老板的思路、做法不能得到员工的理解，抱怨因此而生。

唐岩对公司是忠诚的，对岗位也是尽责的。他已经尽了作为下属的本分，他似乎已经做了所有应该做的，除了一件事以外。那就是“换位思考”，在充分沟通的基础上，理解老板。

成功守则中最伟大的一条定律——待人如己，也就是凡事为他人着想，站在他人的立场上思考。当你是一名雇员时，应该多考虑老板的难处，给老板多一些同情和理解；当自己成为一名老板时，则需要多考虑雇员的利益，多一些支持和鼓励。

这条黄金定律不仅仅是一种道德法则，它还是一种动力，能够推动整个工作环境的改善。当你试着待人如己，多替老板着想时，你身上就会散发出一种善意，影响和感染包括老板在内的周围的人。这种善意最终会回馈到你自己身上，如果今天你从老板那里得到一份同情和理解，很可能就是以前你在与人相处时遵守这条黄金定律所得到的回报。

经营管理一家公司是件非常复杂的工作，会面临种种繁琐的问题。来自客户、来自公司内部的巨大压力，随时随地都会影响老板的情绪。要知道老板也是普通人，有自己的喜怒哀乐，有自己的缺陷。因此，首先我们需要用对待普通人的态度来对待老板，不仅如此，我们更应该同情和理解那些努力去经营一个大公司的人，他们往往在下班后还要继续工作。

许多年轻人将自己不能获得提升的原因归咎于老板的不公平，认为老板任人唯亲、嫉贤妒能，不喜欢比自己聪明的雇员，甚至认为老板会阻碍有抱负的人获得成功。事实上，对于大多数老板而言，再也没有什么比缺乏合适的人才更让他苦恼的了，也没有什么比寻找合适的人选更让他焦心的了。

年轻人之所以产生这样的想法，也是以己度人，但是这个“己”是一个自私的、狭隘的，也就是所谓“以小人之心，度君子之腹”。事实上，从每一个员工第一天上班开始，老板就会用心对他进行考察。他们会仔细衡量和分析他的能力、品格、习惯、人际关系、性情等等，只有当他认定一个年轻人缺少必要的能力，有一些不良的习惯和言行举止（包括认为老板无知）时，他才会认为这个年轻人没有前途。毕竟公司是自己苦心经营才发展起来的，在大多数情况下，他们不会因为自己的个人偏见而毁了整个事业。所以说，出现这些问题的原因并不复杂。

第一，员工和老板对公司管理的理解会有所不同。在员工眼中，公司需要公平的环境，可是公司本身就是不公平的，不能妄想在公司内部实行绝对的公平，而只能是相对公平。在老板眼中，目前的公司可能还是公平的，而在你看来是不公平的。所以你提出的问题，在老板眼中，可能不是问题，你们对管理的理解是不同的。

第二，这真是问题吗？你认为你看到的弊端是问题，可能在老板眼中，那不是问题，起码暂时不是要命的问题。他的时间和精力是有限的，他要首先解决他认为最重要的问题，而不是你提出来的问题。毕竟老板的视野更宽阔，他对公司更了解，他做决定要考虑的问题更多。不马上行动，也可能是在等待恰当的时机。不过，老板不会说你的建议不好，因为他怕打击你的积极性，毕竟老板需要自动自发的员工。

第三，老板会考虑，你能做好吗？公司大了，做事的难度也大了。不是随便发个文件，随便一个人，就能做好事情的。老板要考虑由谁来做这件事，做不好怎么办，做好了怎么办。

优秀的老板在做事的人选上，一般都会慎重考虑的，老板成败的关键就在用人上。所以有的老板明确地告诉下属“谁提出的问题谁解决”。这样可以把老板用人的烦恼，让下属也承担起来，他也是表明“我知道这个问题了，但手上没有合适的人选，要不你来解决；你要不来解决，那就先放下，我考虑一下”。

老板这样做也是迫使下属在提出问题时，做出全面的考虑，提出一个解决问题的整体方案。提出问题是容易的，而提出解决方案才是关键的，才是考验一个人的真正能力。

因此，做员工的应该多反思自己的缺陷，给予老板更多的同情和理解，或许能重新赢得老板的欣赏和器重。

也许老板并不是一个领情的人，但我们依然要设身处地为老板着想。因为同情是一种美德。在一个老板那里没有作用，并不意味着在所有老板那里都没有效果。

无论是老板还是员工都需要调整好心态。老板的工作是完成他的任务，而员工的工作就是帮助他完成任务。如果你完全理解这一点并向老板表明你很理解这一点，那么你不仅会得到老板的赏识，而且意味着你已经进入了专业精神的更高境界。

9
登上老板的“梯子”

作为员工，事业能否成功，老板是至关重要的人物。老板可以助你一臂之力，成为你的“梯子”，也可以成为你发展的最大的障碍。

你的老板会扮演什么角色，关键取决于你与他之间建立什么样的关系，他若赏识你、信赖你，就会甘当“梯子”；他若猜疑你，自然对你的发展就不利。

每个员工若想提升自我，就必须与老板搞好关系，但有的人如愿，有的人却不能如愿。可是，成功的员工必须会把握与老板相处的分寸。

老板喜欢你、信赖你，还是厌恶你、猜疑你，在很大程度上取决于你对老板的态度。你要想在事业上获得成功，就必须以一种良好的心态与老板相处。

（1）忠诚于老板。

老板一般都习惯把员工当成自己

的人，期望员工忠诚地跟随他，拥戴他，听他指挥。员工不与自己一条心，背叛自己，脚踩两只船等，是老板最为反感的事。反之忠诚，讲义气，重感情，常用行动表示信赖他、敬重他的员工，就会得到老板的喜爱。

（2）在老板面前要诚实。

诚实，十分可贵。在老板面前，不要吹牛，编瞎话，谎报军情。弄虚作假的人，很容易失信于人。老板若觉得自己被欺骗，自尊心和权利受到侵害，他会十分恼火，把你当成心怀鬼胎的人，认为你不可信任。通过欺骗老板而暂时得到的好感和荣誉，是不能持久地维持下去的。

诚实也有诚实的艺术。一般要考虑时机、场合、老板的心情、客观环境等因素。不然的话，诚实也会犯错误，引起老板的反感和不满。

（3）懂得谦逊。

谦逊是中华民族自古以来所推崇的一种美德。在与老板的相处中，谦逊还是相当重要的。谦逊意味着你有自知之明，懂得尊重老板，谦逊可让你得到更多人的支持，帮助你更好地完成大业。

（4）与老板交谈时，不可锋芒毕露。

君子藏器于身，待时而动。你的学识需要得到老板的赏识，而在老板面前故意卖弄学识，则不免有做作之嫌。老板会因此而认为你是一个自大狂，恃才傲慢，盛气凌人，在心理上觉得你难以相处，彼此间缺乏一种默契。与老板相交，要遵循以下原则：

你应寻找自然、活泼的话题，使他充分地发表意见，你要适当地作些补充，提一点问题。这样，他便知道你是有知识、有见解的，自然而然地认识了你的能力和价值。

不要用老板不懂的技术性较强的术语与他交谈。这样，他会觉得你是故意为难他，也会认为你的才干对他的职务将构成威胁，并产生戒备，而有意压制你，从而影响你在公司的发展。

哈利大学毕业应聘到一家公司时只是一位普通的秘书，并不起眼。但他恃才自傲，根本不把其他人包括总经理放在眼里。在工作了一段时间尤其是和总经理接触几次后，他才意识到这一点。

在一次行政会议上，听完总经理的讲话和各部门老总的工作汇报后，他独自和总经理进行了一次长达一小时的谈话。他以平和的语气分析了工厂的状况，提出了自己关于拓展业务的设想，最后说道："我的这些思路和设想是听了您的讲话后受到启发产生的。不一定正确，请您参考。"

总经理虽然没有表示什么，但已经对哈利产生了好感，对他的学识和才能有了初步的认识。

在此后进一步的接触当中，总经理加深了对哈利的认识，提升哈利为总经理助理，使他的事业得以迅速地提升。

（5）服从老板的命令。

有的老板可能并不比员工优秀，但只要他是你的老板，你就要服从他的命令。因此，无论你在公司的职位有多高，只要是公司的员工就必须全心全意去执行老板的决定。当然，老板的决策也有错误的时候，但你不能私自做出决定而不去执行，你只能在执行时尽可能地将这项错误的决策造成的损失降低到最低程度，这才是你应有的态度。

（6）巧妙应对老板的批评。

作为一个员工，都会有被老板批评的时候：比如自己做了错事，自己受到污蔑，老板不了解情况……甚至老板心情不好或看不惯你，你都可能在老板那里品尝批评的滋味。

不管是因为什么原因被老板批评，你都应该遵循下面的原则：

①认真倾听，让老板把话说完。

如果你的老板批评你，不管批评的对还是不对，千万不要打岔。要静静地听老板把话说完，即使有些话很不好听，你也要认真地听。

在一般情况下，如果老板批评不当，你可以进行恰当的辩解，可是必须建立在你充分认识到自己的正确性的前提之下，而不是文过饰非，胡搅蛮缠。

当然，最好是不要这样做，特别是对那些细枝末节的或无法弄清楚的事情，最好是保持缄默。

②充分肯定，感谢老板的诚意。

不管老板的批评是不是有理，作为员工，都必须表现出你接受批评的诚意。

如果老板对你的批评是出于一种诚意，你谦虚的态度会让他感到欣慰和满足的，从而老板的态度也会渐渐缓和下来。

③不要顶撞，要使老板感觉受到尊重。

老板之所以批评员工，就是因为他认为你有他值得批评的地方。聪明的员工是很明白这一点的，他们善于利用老板的批评，化害为利，化腐朽为神奇。同时，不顶撞老板，就是对老板的尊重。如果老板是借助你杀鸡儆猴，你的这一招可能比获得表扬还要有效。

可以说，把握好与老板交往的原则，是为你的前途奠定基础，也是你获取人生成功的第一步。

第六章

工作态度决定你在公司的一切

1
让态度指引行动，不为工作而工作

有些人多年以后，仍旧做着同样的工作，甚至被炒了鱿鱼；有些人却不断地前进，在公司中的地位日益上升，成为公司不可或缺的人物。这其中的奥妙，在一则古老的故事中或许可以找到答案。

在法国古代，有一位剑术高超的击剑大师，他经过多年的精挑细选，才选中了两位天赋都很高的学生，教授他们剑术，希望他们能继承自己的衣钵。

学生多戈在这位大师传授剑术的时候，一直觉得自己天资聪颖，领悟力强，学剑术招式，不费什么力气，所以总是想着邻家的少女、胜利的勋章，不肯在剑术上下工夫。而学生尼斯却总是细心地听从大师的讲解，精心揣摩剑术的奥妙，无事时便研究剑术，钻研各派剑术的精妙所在。

几年过去了，学生尼斯的剑术大进，甚至超过了自己的老师，名声传遍天下。而学生多戈剑术仍旧十分平庸，只能在朋友面前吹嘘自己的能力。

多戈感到很不公平，便去质问老师，觉得老师偏袒了尼斯。而老师的回答却很简单，只有两个字：态度！

有什么样的态度，就会导致什么样的结果。态度，直接影响一个人的前程。而杰克的故事，正好验证了这两个字的力量。

杰克应聘到一家公司的时候，只是一个默默无闻的职员，相信谁都不会注意到他。但他每天都面带笑容和每一位同事打招呼，每天都充满激情地工作，好像那不是一份工作，而是他自己的生命。他总是主动要求承担更多的责任，而且尽可能地把事情做到最好。有一次，公司的业务遇到了很大麻烦，在众人束手无策的时候，杰克利用自己平时积累的经验，帮助公司解决了难题。

故事的结局大家肯定早已料到，杰克成为公司的副总，而在公司老总对杰克的评语上，也只有简单的几个字：绝无仅有的工作态度。

人的态度是自由的，我们要做自己的主人，限制阻止它不利于成功的方面。我们只有自己战胜自己，控制自己，才会为自己带来光明的新天地。

阿斯那是一名极其普通的推销员，生活水平一直没有太大的提高，甚至离自己理想的目标还有相当的差距。某一天他从朋友那里听说芝加哥一家公司要招聘数名销售人员，决定前去应聘，希望得到这份待遇较高的工作。他在面试的前一天抵达了芝加哥。

傍晚夕阳西下之时，他在旅馆后花园中散步。他的脑际中一直有一种莫名其妙的恐慌：怎样才能实现自己的愿望，怎样才能走向事业的成功？不知是不是某种思绪的困扰，他想了很多，把自己经历过的事情都在脑海中回忆了一遍。这时，在他的脑海中浮现出了四位自己认识多年的朋友，现在，他们的薪水比自己的要高，工作也比自己的好。其中的两位是自己最可信赖的朋友，如今已经住进了高级的别墅中，另外两位是他以前的老板。他不由得扪心自问：和这四个人相比，自己的工作能力并不差，还有什么地方不如他们？聪明才智？说句心里话，他们实在不比自己高明到哪里去。可是为什么自己至今仍然一事无成，毫无出息呢？

他回到房间后依旧不断地反复思考，终于悟出了症结所在——不能做自己的主人，特别是表现在对待工作态度上的差异，使他从内心里承认朋友们确实胜出自己一筹。已经进入了子夜时分，他仍然毫无睡意，他的脑子出奇的清醒，他彻底地看清了自己，认识了自己，找到了一个真实的自我，发现自己很多时候不能以积极的态度对待所做的事情。

那天晚上，他进行了深刻的自我检讨，拿出了纸和笔，把自己从懂事以来的不足一一记录下来：极不自信，妄自菲薄，得过且过，等等。

当他总结完自己的缺点与不足后，随即痛下决心：自此以后，再也不会有这些想法，一定要做自己思想的主人，克服自己的缺点，完善自我。这时，他感到自己有一种脱胎换骨般新生的感觉，并满怀着对未来成功的喜悦。于是，他躺在床上睡了一个香甜的觉。

第二天早晨，他充满了一定成功的信心去面试，通过主考官的仔细考察，他被顺利地录用了。在他看来，自己之所以有很大的把握获得那份工作，与昨天晚上的沉思与觉悟有着一定的内在关系。

在那家公司工作的两年内，阿斯那通过自己的不断努力，赢得了大家的信任和好感，为自己赢得了好的声誉，每个人都认为他是一个乐观、积极、热情、负责任的人。在第三个年头经济不景气的状态下，阿斯那个人的思想经受住了极大的考验，准确把握住了自己思想的航向，使自己一步步走向成功。随着自己业绩越来越好，阿斯那已经荣升为总经理，并且薪水也大大提高了。

从阿斯那身上我们认识到，只有发现自己的不足，并努力改变自己的态度，不断地完善自我，才能在工作中不断前进，实现自己的梦想。

选择什么样的态度，就会有什么样的结果。我们只有端正工作态度并坚持不懈，才能达到完美的境地，并得以实现自己的愿望。

如果身处逆境遭遇悲惨，那么我们所能做的就是反思自己不妙的处境，及时总结自己的缺点与不足，铲除身上的偏执与放任，并采取措施努力改变自己的命运。这样，就能脱胎换骨，直至走向成功。

我们要主宰自己，就离不开专注、自我分析与经验的积累。

我们也许听过这样的谚语："成功吸引更多成功，而失败带来更多失败。"这句话真是一语中的，为成功而努力会使我们更有能力迈向成功。如果我们什么也不做，就只会遭受更多的失败。

许多人有时候为了获取成功，会积极改善自己的外在环境，却没有致力于克服自我，完善自我。几经周折，处境却并没有改变。因此，只有积极改变自己的态度，主宰自我，才能达到胜利的彼岸。这是放之四海而皆准的道理。

2
不要看不起自己的工作

无论你贵为君主还是身为平民，无论你是男还是女，都不要看不起自己的工作。如果你认为自己的劳动是卑贱的，那你就犯了一个巨大的错误。

罗马一位演说家说："所有手工劳动都是卑贱的职业。"从此，罗马的辉煌历史就成了过眼云烟。亚里士多德也曾说过一句让古希腊人蒙羞的话："一个城市要想管理得好，就不该让工匠成为自由人。那些人是不可能拥有美德的，他们天生就是奴隶。"

今天，同样有许多人认为自己所从事的工作是低人一等的。他们身在其中，却无法认识到其价值，只是迫于生活的压力而劳动。他们轻视自己所从事的工作，自然无法投入全部身心。他们在工作中敷衍塞责、得过且过，而将大部分心思用在如何摆脱现在的工作环境上。这样的人，在任何地方都不会有所成就。

所有正当合法的工作都是值得尊敬的。只要你诚实地劳动和创造，没有人能够贬低你的价值，关键在于你如何看待自己的工作。那些只知道要求高薪，却不知道应承担责任的人，无论对自己，还是对老板，都是没有价值的。

也许某些行业中的某些工作看起来并不高雅，工作环境也很差，无法得到社会的承认，但是，请不要无视这样一个事实：有用才是伟大的真正尺度。在许多年轻人看来，公务员、银行职员或者大公司白领才称得上是体面的职业。其中一些人甚至愿意等待漫长的时间，目的就是去谋求一个公务员的职位。但是，在同样的时间里他完全可以通过自身的努力，在现实的工作中找到自己的位置，发现自己的价值。

工作本身没有贵贱之分，但是对于工作的态度却有高低之别。看一个人是否能做好事情，只要看他对待工作的态度。而一个人的工作态度，又与他本人的性情、才能有着密切的关系。一个人做的工作，是他人生态度的表现；一生的职业，就是他志向的表示、理想的所在。所以，了解一个人的工作态度，在某种程度上就是了解了那个人。

如果一个人轻视自己的工作，将它当成低贱的事情，那么他绝不会尊敬自己。因为看不起自己的工作，所以备感工作艰辛、烦闷，自然工作也不会做好。当今社会，有许多人不尊重自己的工作，不把工作看成创造一番事业的必由之路和发展人格的工具，而视为衣食住行的供给者，认为工作是生活的代价，是无可奈何、不可避免的劳碌，这是多么错误的观念啊！

那些看不起自己工作的人，往往是一些被动适应生活的人，他们不愿意奋力崛起，努力改善自己的生存环境。对于他们来说，公务员更体面，更有权威性。他们不喜欢商业和服务业，不喜欢体力劳动，自认为应该活得更加轻松，应该有一个更好的职位，工作时间更自由。他们总是固执地认为自己在某些方面更有优势，会有更广阔的前途，但事实上并非如此。

那些看不起自己工作的人，实际上是懦夫。当人们害怕接受挑战时，就会找出许多借口，久而久之就变得看不起自己的工作了。他们对于什么是理想的工作有许多错误的认识（如果说他们对于工作还存有什么理想的话）。

天生我才必有用，懒懒散散只会给我们带来巨大的不幸。有些年轻人用自己的天赋来创造美好的事物，为社会作出了贡献；另外有些人没有生活目标，缩手缩脚，浪费了天生的资质，到了晚年只能苟延残喘。本来可以创造辉煌的人生，结果却与成功失之交臂，不能说不是一个巨大的遗憾。

3
提高工作主动性，不做“按钮员工”

工作，对于上班一族来说，既是养家糊口的需要，也是体现自身价值的途径。只有做得比别人更好，才能体现自身的价值。

工作不仅仅是简单地完成工作任务，还必须用眼睛去发现问题，用大脑去思考问题，用智慧去解决问题。如果这样，你一定会得到老板的提拔和重用。

汤姆和杰克在同一家公司工作，两个人都同样勤奋地工作，拿着同样的薪水。可不久以后，情况就发生了变化。汤姆受到老板的重用，担任了更重要的工作，而杰克仍在原地踏步。

杰克感到非常的失望。终于有一天，他再也忍不下去了，于是去质问老板：“我和汤姆一样地辛勤工作，为什么他得到提升，而我却仍然没有什么变化呢？”

老板微笑着听完了他的怨言。

“杰克”，老板说话了，“你去集市一趟，看看今天早上有什么卖的东西？”

杰克从集市上回来向老板汇报说：“今早集市上只有一个农民拉了一车

萝卜在卖。”

“有多少？”老板问。

杰克赶快戴上帽子又跑到集市上，然后回来告诉老板说一共有30袋萝卜。

“价格是多少？”

杰克第三次跑到集市上问了价格。

“好吧，”老板对他说，“现在请你坐在椅子上别说话，看看别人怎么说。”

汤姆很快就从集市上回来了，向老板汇报说，到现在为止只有一个农民在卖萝卜，一共30袋，价格是多少；萝卜质量很不错，他带回来一个让老板看看。这个农民一个钟头以后会运来几箱土豆，据他看来价格非常公道。昨天他们铺子的土豆卖得很快，库存已经不多了。他想这么便宜的土豆老板肯定会要进一些的，所以他不仅带回了一个土豆做样品，而且把那个农民也带来了，他现在正在外面等回话呢。

此时老板转向杰克，说：“现在你知道为什么汤姆的薪水比你高了吧？”

杰克忠实地执行老板的命令，毫无怨言地跑了三次。而汤姆好像没有杰克勤奋，他只跑了一趟，就达到同样、甚至更好的效果。

毫无疑问，汤姆比杰克的工作效率要高得多。自然，得到升迁也就在情理之中了。

每个老板都希望自己的员工能主动工作，带着思考工作。对于发个指令按动按钮才会动一动的“按钮员工”，没有人会欣赏，更没有老板愿意接受。职场中，这类只知机械完成工作的“应声虫”，老板会毫不犹豫地剔除在考虑之外。对于老板而言，只有那些能准确掌握自己的指令，并主动加上本身的智慧和才干，把指令内容做得比预期还要好的人，才是他们真正要找的人。

在工作中，只是全心全意、尽职尽责是不够的，还应该走在别人的前头，自己分外的工作多做一点，比别人期待的再多做一点，这样可以吸引更多的注意，会给自己的提升创造更多的机会。

是的，你没有义务要做自己职责范围以外的事，但是你可以选择自愿去做，以驱策自己快速前进。率先主动是一种极为珍贵、备受看重的素养，它能使人变得更加敏捷，更加积极。无论你是管理者，还是普通职员，“走在别人前头”的工作态度能使你从竞争中脱颖而出。你的老板、委托人和顾客会关注你、信赖你，从而给你更多的机会。每天多做一点工作也许会占用你的时间，但是，你的行为会为你赢得良好的声誉，并让他人感觉到需要你。

有几十种甚至更多的理由可以解释，你为什么应该养成“走在别人前头”的好习惯——尽管事实上很少有人这样做，其中两个原因是最主要的：

第一，在建立了“走在别人前头”的好习惯之后，与四周那些尚未养成这种习惯的人相比，你已经具有了优势。这种习惯使你无论从事什么行业，都会有更多的人指名道姓地要求你提供服务。

第二，如果你希望将自己的右臂锻炼得更强壮，唯一的途径就是利用它来做最艰苦的工作。相反，如果长期不使用你的右臂，让它养尊处优，其结果就是使它变得更虚弱甚至萎缩。身处困境而奋力拼搏能够产生巨大的力量，这是人生永恒不变的法则。如果你能走在别人前头，分外的工作多做一点，那么，不仅能彰显自己勤奋的美德，而且能发展一种超凡的技巧与能力，使自己具有更强大的生存力量，从而摆脱困境。

社会在发展，公司在成长，个人的职责范围也随之扩大。当额外的工作分配到你头上时，不妨视之为一种机遇。如果不是你的工作，而你做了，这就是机会。有人曾经研究为什么当机会来临时我们无法确认，因为机会总是乔装成“问题”的样子。当顾客、同事或者老板交给你某个难题时，也许正为你创造了一个珍贵的机会。对于一个优秀的员工而言，公司的组织结构如何，谁该对此问题负责，谁应该具体完成这一任务，都不是最重要的，在他心目中唯一的想法就是如何将问题解决。

“走在别人前头”，多做一点自己分外的工作，初衷也许并非为了获得报酬，但往往获得的更多。

4
早来迟走印象好

如果你去问成功人士他们的成功秘诀是什么，恐怕十有八九会回答你这样一句话："要当早晨第一个到、晚上最后一个离开办公室的那个人。"这句话听起来丝毫没有那些伟大的理想、崇高的理念那样华丽，但当你仔细回味后，才能体会到这句话的威力。就算不能第一个到办公室，也不要当最后一个姗姗来迟的人。因为这在很大程度上体现的是你的工作态度问题，也是老板对你做主观判断的主要依据。早来迟走，给老板留一个好印象比什么都重要。

最好每天都能坚持提前一刻钟上班，做一些清洁工作或准备工作。你可以把老板和同事的桌子擦干净（但最好不要去碰他们的文件、书籍等私人物品），把地板擦干净，给植物洒点水，给饮水机换水等。

尤其是星期一早上，大家总是不约而同地因为调整不好而比平常来得晚，且显得很疲惫。如果这时你能比其他人都早到一些，并且穿着显得特别神采奕奕的服装，趁别人还没有进办公室之前，整理一下办公桌，查查自己的电子邮件，让自己提早进入一周的工作状态。同你的疲惫的、姗姗来迟的同事比起来，你的精神显得特别愉快，那么你绝对是当天最让老板眼睛一亮的员工。

这样持之以恒地做下去，老板会对你有一个极好的印象，你工作积极热情的形象也就自然而然地树立起来了。

上班如此，下班也应如此。

下班意味着一天工作的结束，这时每个人都归心似箭，但还需要静下心来，将一天的工作简单做个总结、整理，准备一下第二天的工作资料。

下班时间到了，每个人都感到了全身心的放松，谁都想立即放下手头的工作，就算工作任务紧急也不例外。好多人认为，你的薪水只是让你为公司工作八小时，下班后迅速离去是你的权力——加薪水可能例外。因此，即使你的老板正在向你征询情况，你也会不停地看表，暗示他可以明天再谈，然后匆匆忙忙地赶去参加一个宴会。老板透过玻璃窗，望着你远去的背影，陷入了沉默。老板会认为你对工作没有热忱，会认为你要辞掉这份工作，并且你的离去也影响了别人的工作进度和情绪。

尽管下班时间到了意味着你可以离去，但也必须视情况而定。如果你未能在下班前将手头的工作解决，那你要征求一下同事或主管的意见，看看能否明天再解决。如果你不能继续留下来帮忙，那么回到家中也要打个电话给公司问问情况如何。如果没有特别急的事，就要处理好一切再离去，千万不可连办公桌也不收拾，电脑都来不及关就匆忙走掉。不管什么时候，离开前向主管打个招呼是万无一失的。否则，第二天早上，你可能会在办公桌上发现这样一张字条：“上班后，请立刻来见我。”

因此，下班前的这一小段时间对每一个员工来说都是很重要的。首先整理备忘录，认真详细地整理一天来的工作情况，以及需要明天继续接着做的工作和需要解决的问题等。其次，制定明天的工作计划，把明天需要完成的工作详细列出。离开办公室之前，关好电源开关，关好门窗，最后检查一遍有无遗漏的东西，方可离开。

上下班就是你一天工作的表现。早来迟走，持之以恒。这样一天天地累积下来，你在老板心中的印象无疑是最好的。也许仅仅因为这么一点好习惯，你就会及早被老板列为提升对象呢!

5

细致工作，发现疏漏及时汇报

比尔·盖茨说：“思考要与实践相结合。好的员工会合理、高效地利用时间，并为公司提出合理化的建议。”

公司的命运与员工的表现息息相关，在日常工作中，若能把发现到的问题积极地反馈到公司负责人的手上，公司或许就会因为这个意想不到的问题而节约大量的资源，或者更直接的说是创造更多的利润。

“兢兢业业”在这个年代已经是绝对不够了，一定要有超前意识，还要有超出老板期望值的好建议。这就需要员工们挖空心思，创造出一些额外的东西——这也就是优秀人才与一般人的不同之处。有了想法只停留在嘴上不付诸实施，公司同样不会特别关注你。公司需要员工以公司为家，时刻关注公司的发展，主动参与管理，多提合理化的建议。

合理化的建议哪怕是微不足道的一点，只要有助于帮助公司提高生产效率，老板们都会欣然接受的。这样可以让你的地位在老板心目中水涨船高，老板自然会认为你是个既能提出好建议，又能在办公中做到节俭和创造效益的好员工。

小晖是某家电脑公司的绘图员，为了查找资料每天他都要往公司的资料室跑几趟，疲惫和烦躁暂且不说，仅是工作效率就比他在原来的公司低多了。有一次小晖绘图的时候，突然想起了原来公司办公室的布局：他的办公室比较大，还放了好几个资料储存柜，很方便查找资料。他打量了一下现在的办公室，心想可以调整一下办公室的位置，使办公桌挨得紧一些，那样就能腾出一块空间放几个书柜储存资料了，工作效率肯定能提高。

小晖把这个想法向主管提了提，主管觉得这个建议很好、很可行就采纳了。此后小晖和同事们每天再也不用忙于往返资料室与办公室之间了，资料就放在办公室里既节省了查阅时间又节省了精力，两全其美。

由于小晖的合理化建议，年底公司的效益超出了以往的25%，老板一高兴单独给小晖发了一个很大的红包。

主动提出合理化建议是一个员工应尽的责任。但有些员工却为了避免出错而保持沉默，他们不是想不出好主意、好建议，而是觉得事不关已不愿意多事儿。这样的员工老板怎么会喜欢呢?

在商海中沉浮，老板承担的风险是最大的。而员工们则没有什么包袱和负担，无非转换门庭另起炉灶。对老板来说，只有那些把公司利益放在第一位，时时刻刻为公司着想的员工，才是他真正需要的员工。作为员工，必须学会站在公司的角度想问题，多替公司着想，尽量避免知而不言的态度和想法，尽可能把工作中发现的问题及时汇报上去，避免不必要的损失。

6
今日事要今日毕，克服工作中的拖延习惯

在职场中“现在”这个词和一个人的成功联系紧密。而“明天”“以后”往往是“永远都不能行动”的代名词。你可以想一想，你有许多想做的事没有做成，是不是在“我应该现在就去做，马上开始”的时候，却让“明天再说吧”替代了呢?

事实就是这样，如果你时时想到“现在”，很多事情就顺利地完成了，如果你常想“将来有一天我会去做的”，那你将注定一事无成。

如果每天的工作都无法达到要求的标准，那么会很容易让人感到挫折、压力以及失望，唯有“今日事，今日毕”，才能消除这些负面的情绪。

在现代公司里，崇尚的是把工作按时高质地完成，而不是工作得多忙碌、多辛苦。真正能够得到同事或老板肯定的是你到底做了什么，而不是你的出发点有多好。所以，今日的工作，今日就要去做，并且有效地完成，不要留到明天，因为明天还有明天的任务。

曾有人问一位做事拖拉的员工一天的工作是怎么干完的，这名员工说：“那很简单，我把它当做明天的工作。”

《韦氏新世界英语词典》是这样解释“拖沓”一词的：“把应做的事推到将来做，而且是对此感到正常。”

五年前，很有才气的部门经理吉姆想为公司写一本关于公司管理方面的书，并借此提升整个公司的管理水平。

吉姆的想法得到了公司董事长的赞扬和支持，而且吉姆管理经验十分丰富，他的文笔也很生动，知道的人都认为，这个写作计划肯定会为吉姆赢得很大的成就、名誉与财富。

五年后，一位朋友碰到吉姆，闲聊时，朋友无意间提到那本书：“吉姆，你的那本书是不是已经大功告成了？”

不料，吉姆竟满脸愧色地说：“老天爷，我根本就没写！”

这个回答让那位朋友几乎难以置信。

见朋友一脸狐疑，吉姆忙解释说：“我实在太忙了，总是有许多更重要的工作需要完成，因此自然没有时间写了。”

多可怕的坏习惯！罪大恶极的“拖沓”，让吉姆日复一日地推脱工作却心安理得。他的朋友现在也明白了为什么吉姆五年来一直没有再晋升。

所以说，职场上，没有什么能比拖沓更害人的了。也没有什么能比拖延更能懈怠一个人的精力了。

如果你是办事拖拉的人，你就是在毫无意义地浪费大量的宝贵时间。要是你拿浪费在拖沓上的精力和时间来办手头上的工作，往往绰绰有余，而且有许多的事情，你若立即动手去做，就会感到快乐、有趣，加大成功几率，一旦延迟了几个星期去做，不但难度可能会加深，而且还会失去原有的乐趣。

比如，当某个新奇的创意如闪电般出现在一个策划人员的思想里，如果他在那一刹那迅速执笔，把那个创意写在纸上，必定会有意外收获。假若他认为无暇执笔，一拖再拖，过了许多日子再想写时，那美好的灵感火花或许早已模糊，甚至完全消失了。

因此有人万分憎恶地指出：拖延是魔鬼最喜欢的工作。

的确如此。拖延是成功的仇敌，时间的窃贼，不仅如此，它还会损坏人的品格，毁掉好的机会，劫夺人的自由，使人成为失败的奴隶。更为可怕的是，拖延甚至会给你带来致命的危险，让你在职场上“壮烈牺牲”。

所以，每个职场中人都应避免拖延的恶习。如果你感觉自己正在被拖延或已被拖延引诱并备受摧残，那么，就赶快振作起精神，即刻去做自己的工作吧。只有“立即行动”，才能将你从拖沓的陷阱中拯救出来。

某公司老板临时决定要赴海外公干，且要在一个国际性的商务会议上发表演说。他身边的几名要员忙得头晕眼花，要把他赴洋公干所需的各种物件都准备妥当，包括演讲稿在内。

在老板动身的那天早晨，各部门主管也来送行。有人问其中一个部门主管：“你负责的文件打印好了没有？”

对方睁着那惺忪睡眼，道：“昨夜加班，今早只得4小时睡眠，我熬不住去睡了。我负责的文件是以英文撰写的，反正老板看不懂英文，在飞机上不可能复读一遍。待他上飞机后，我回公司去把文件打印好，再以电讯传去就可以了。”

谁知转眼之间，老板驾到，第一件事就问这位主管：“你负责预备的那份文件和数据呢？”这位主管按他的想法回答了老板。老板闻言，脸色大变：“怎么会这样！我已计划好利用在飞机上的时间，与同行的外籍顾问研究一下自己的报告和数据，别白白浪费坐飞机的时间呢！”

顿时，这位主管的脸色一片惨白。

作为一名员工，任何时候都不要自作聪明设计工作，期望工作的完成期限会按照你的计划而后延。成功的人士都会谨记工作期限，并清楚地明白，在所有老板的心目中，最理想的任务完成日期是：昨天。

这一看似荒谬的要求，是保持恒久竞争力不可或缺的因素，也是唯一不会过时的东西。一个总能在“昨天”完成工作的员工，永远是成功的。其所具有的不可估量的价值，将会征服任何一个时代的所有老板。

特别在21世纪的今天，商业环境的节奏，正在以令人炫目的速率快速变幻着。大至公司，小至员工，要想立于不败之地，都必须奉行“把工作完成在昨天”的工作理念。作为新时代的老板，百分之百是“心急”的人，要他白花时间等你的工作结果，比浪费金钱更叫他心痛，因为失去一分钟，在那一分钟内能想到的业务计划，可能价值连城。

平心而论，没有哪个不讲效率者能成为成功的老板，也没有哪个成功的老板，能长期容忍办事拖沓的员工。你要想在职场中一路顺风，炙手可热，最实际的方法就是满足老板的愿望，让手中的工作消化在“昨天”。

成功存在于“把工作完成在昨天”的速率之中，正如未来的橡树，包含在橡树的果实里一样。如果每次老板的嘱咐都获得尽快处理，你必会成为最能惹他开心的人。千万不要愚蠢地像上例中的那位主管，把昨天就能完成的工作拖延到明天。而如果你已经完成，就不要愚蠢地等到老板开口，说那句“你什么时候能做完那件事”时，才把成绩呈上，这样必会在印象上大打折扣。

对任何一位职业人士来讲，拖延都是最具破坏性、最具危险性的恶习，因为它使你丧失了主动的进取心。更为可怕的是，拖延的恶习具有积累性，唯一摆脱这一恶习的方法就是——积极地行动。

假如你做事拖延，那你就绝不是称职的员工。如果你发现自己经常为了没做某些事而编造借口，或是想出千百个理由来为没能如期实现计划而辩解，那么现在正是该改变的时候了。

歌德说：“把握住现在的瞬间，从现在开始做起。”从现在做起，在做的历程当中，你的心态就会越来越成熟。那么，不久之后你的工作就可以顺利完成了。

7 爱企如家，不贪公司小便宜

俗话说：“贪小便宜吃大亏。”别人的小便宜贪不得，公司的小便宜更是贪不得的。公司的形象和效益往往就葬送在那些贪小便宜的人手中，而那些贪小便宜的人，最终也会因为他们的行为而受到惨重的教训。

公司里往往会有一些这样的人：对待公司有着绝对的“主人翁精神”，这里当然不是夸奖他们多么为自己的公司着想，而是这些人习以为常地把公司里的一些东西时不时地往家里倒腾。他们往往不在乎那些东西值不值钱，只要是公司的统统都不放过。

在公司里毫无节制地使用公司的物品，能浪费的绝对不省着，用不了的就往家里拿。别说什么贵重东西了，就连墨水、打印纸、圆珠笔之类不值几个钱的，也往家里没有节制地搬。别看这些小物件不起眼，公司要为每个人配备充足的话，也要消耗很大一笔开支。如果我们拿回家的那些“私人财物”能够充分利用在办公当中，不仅能够为公司节约大量的开支，还能创造价值。

你可能会觉得：我为公司拼搏了这么多年，拿点公司的小东西又算得了什么？老板不会因为这个和我为难的。老板可能会因为你的劳苦功高，对你的这种行为睁只眼闭只眼，但是如果积少成多，给公司带来巨大的损失，那可就到了新账、老账一起算的时候了……

兰女士在一家公司上班，她天性就喜欢占小便宜，经常顺手把公司里的一些小东西拿回家，给她正在上学的儿子用。由于她是老员工了，为公司的发展立下了不少功劳，所以公司老板也不好意思当面批评她，只好自己损失一点买大家和气了。可是当同事们看到兰女士如此这般，而老板置之不理时，也纷纷效仿。这下公司每月的内部办公费用剧增，而兰女士和家里有孩子的同事们，却从来都不为自家孩子上学的一些用具发愁。

最后兰女士得到了一个惨痛的教训：她不得不放弃原来那份轻松而高收入的工作，去人才市场重新找工作了。

那么兰女士占小便宜的行为是怎样使她丢掉工作的呢？事情是这样的：兰女士孩子老师的丈夫是一家公司的部门经理，公司正在和兰女士所在的公司洽谈一个合作项目，并且这个项目最终的决定权就掌握在老师丈夫的手里。老师的丈夫经过考察，对兰女士所在公司的情况基本满意。但是就在签合作合同前的一个晚上，他无意间看到了妻子所批改的作业本中有一个是用专业的办公用纸装订而成的。在好奇心的驱使下他翻阅了一下那个本子，结果很惊讶地发现本子上赫然标着兰女士所在公司的名字，显然是他们公司的专业办公用纸。这个发现令他很有感触：这个公司的员工丝毫不注重自己公司的利益，和他们合作的话要浪费多少资源呀！思来想去还是拨通了兰女士老板的电话，通知了他的最后决定，中止了这个合作计划的签署，不再和兰女士的公司合作这个项目。

几经追问，兰女士的老板终于弄明白了中止合同的原因。由于丧失了这个合作项目，兰女士的公司损失惨重，在未来几个月之内还要花费很多的时间去寻求另外的合作项目。因此兰女士的老板痛定思痛，决心整顿一下公司的这种不良的办公风气，而兰女士就是第一批整顿的对象。

表面上，兰女士是因一打办公用纸被开除的，但实际上是由她在办公中的浪费现象和贪图小便宜的性格导致的。这给兰女士一个教训，让她认识到：公司财物与“私人财物”不能画上等号。

也许有人会这样想：占用公司稿纸、圆珠笔有什么大不了的？这些不值钱的东西，用用又有什么关系呢？其实，这种想法是不对的，一个人职业品质的好坏，往往都是从这些细小的方面体现出来的。俗话说：“不因善小而不为，不因恶小而为之。”不要小看一张纸或一支笔所造成的损失，它比你想象的要严重得多。损公肥私的事情，无论是谁都不愿意买这个账的！许多人在职场打拼多年，没有取得成功，就是败在自己不良的职业操守和办公中公私不分的小节上了。

对外来说，公司中任何员工的言行都代表了该公司的形象，从一个员工身上往往能看到公司的影子，所谓“一叶知秋”就是这个道理。所以，个人与公司的整体利益是密切相关的，每个员工的形象和行为也都是和公司密切相关的。要懂得公是公，私是私，千万要把这两方面分清楚，办公用品能够节俭的千万不要浪费，更不能像兰女士那样大手大脚、毫无顾忌地用和拿，这样才能为公司带来更大的效益，而你也能稳稳地端住自己的“饭碗”。

8
凡事要做到尽善尽美

在某世界著名公司中悬示着这样一块格言牌：在此地，一切都追求尽善尽美。

如果我们在工作中无论做什么事都能做到尽善尽美，那你的发展及进步自然指日可待。

在工作中，事无大小，每做一事总要竭尽心力求其完美，这是成功者的一种标记。凡是有所作为的人，都是那些做事不肯安于“尚可”或“近似”而必求尽善尽美的人。

把自己的工作做到尽善尽美，是一切成功者的特征。成功的人们之所以成功，就在于他们勤于钻研，做事周全，精益求精。

只有不断地发现和改进工作中的不足之处，你的工作才能趋于完美，才能越来越贴近老板理想中的结果。

人总是在创造，既创造精神财富，也创造物质财富，但获得这些财富的多寡，取决于你是否有精湛的技艺去不断加工、增补和润色。尽力将工作做到位，力求完美、出色，这样，你良好的职业道德就蕴涵其中了。

事实上，每一个人的工作都或多或少地存在着不足。对此，你也不会否认，既然你的工作存在着失误，就说明你的工作方法有需要改进的地方。而你要做的就是立即改进，把工作中某些方面的欠缺修正过来。

飞机起飞前，一位乘客请求空姐给他倒一杯水吃药。空姐很有礼貌地说："先生，为了您的安全，请稍等片刻，等飞机进入平稳飞行后，我会立刻把水给您送过来，好吗？"

15分钟后，飞机早已进入平稳飞行状态。突然，乘客服务铃急促地响了起来，空姐猛然意识到：糟了，太忙，忘记给那位乘客倒水了！当空姐来到客舱时，发现按响服务铃的果然是刚才那位乘客。

她小心翼翼地把水送到那位乘客跟前，面带微笑地说："先生，实在对不起，由于我的疏忽，延误了您吃药的时间，我感到非常抱歉。"

这位乘客抬起左手，指着手表说道："怎么回事？有你这样服务的吗？你看看，都过多久了？"

空姐手里端着水，心里感到很委屈，但是，无论她怎么解释，这位挑剔的乘客都不肯原谅她的疏忽。

接下来的飞行途中，为了补偿自己的过失，每次去客舱给乘客服务时，空姐都会特意走到那位乘客面前，面带微笑地询问他是否需要水，或者别的什么帮助。

然而，那位乘客余怒未消，摆出一副不合作的样子，并不理会空姐。

临到目的地前，那位乘客要求空姐把留言本给他送过去。很显然，他要投诉这名空姐。

此时空姐心里虽然很委屈，但仍然不失职业道德，显得非常有礼貌，而且面带微笑地说道："先生，请允许我再次向您表示真诚的歉意，无论您提出什么意见，我都将欣然接受！"

那位乘客脸色一紧，准备说些什么，却没有开口，他接过留言本，开始在本子上写了起来。

等到飞机安全降落，所有的乘客陆续离开后，空姐本以为这下完了，但没想到，等她打开留言本，却惊奇地发现，那位乘客在本子上写下的并不是投诉信，相反，而是一封热情洋溢的表扬信。

是什么使得这位挑剔的乘客最终放弃了投诉呢？

在信中，空姐读到这样一句话："在整个过程中，你表现出的真诚歉意，特别是你的十二次微笑，深深打动了我，使我最终决定将投诉信写成表扬信！你的服务质量很高，下次如果有机会，我还将乘坐你们的这趟航班！"

你也必须这样，当工作出现失误时，应赶快予以修正，甚至力求比原来做得更好。如此一来，你不但能得到他人的谅解，有时还能让老板深刻地体会到你的敬业精神，反而会更加重视你。

不要满足于自己尚可的工作表现，要做最好的，你才能成为不可或缺的人物。人类永远不能做到完美无缺，但是在我们不断增强自己的力量、不断提升自己能力的时候，我们对自己要求的标准会越来越高。这是人类精神的永恒本性。

对于我们来说，顺其自然是平庸无奇的。平庸是你我的最后一条路。为什么可以选择更好时我们总是选择平庸呢？为什么我们只能做别人正在做的事情？为什么我们不可以超越平庸？

不要总是说别人对你的期望值比你对自己的期望值高。如果别人在你所做的工作中找到失误，那么你就不是完美的，你也不需要去找借口，应当虚心地承认这并不是你的最佳程度，千万不要强词夺理去捍卫自己。

超越平庸，选择完美。这是一句值得我们每个人珍藏一生的格言。

如果每个人都能用这格言，实践这一格言，决心无论做任何事情，都要竭尽全力，以求得尽善尽美的结果，那么人类的福利不知要增进多少。

要实现成功的唯一方法，就是在做事的时候，抱着非做成不可的决心，要抱着追求尽善尽美的态度。无论是什么人，什么事如果只是以做到“尚佳”为满意，或是做到半途便停止，那他绝不会成功。

有人曾经说过：“轻率和疏忽所造成的祸患不相上下。”许多年轻人之所以失败，就是败在做事疏忽这一点上。这些人对于自己所做的工作从来都不会做到尽善尽美。

成功和失败的分水岭在于：成功者无论做什么，都力求达到最佳境地，丝毫不会放松；成功者无论做什么职业，都不会轻率疏忽。

你工作的质量往往会决定你生活的质量。在工作中你应该严格要求自己，能做到最好的，就不能允许自己只做到次好；能完成百分之百，就不能只完成百分之九十九。不论你的工资是高还是低，你都应该保持这种良好的工作态度。每个人都不应该把自己看成是一个平庸的工匠，而应该看成是一名杰出的艺术家，应该永远带着把工作做到尽善尽美的态度去工作。

9
自己做一次老板

一个优秀员工的表现应该是这样的：无论老板在不在，他都会一如既往地努力工作。因为他知道，工作并不是做给老板看的。但是许多人并不这样认为，他们趁老板不在的时候不知不觉松懈了下来。

老板的离开并不意味着他完全失去了对公司的控制，因此，行为谨慎的员工知道别人会看见他或将会看见他。他知道周围的同事在默默地做自己的事情，他更清楚凡是自己做得不好的事总会传扬开去。即使单独一个人行事，他做事的态度也慎重得像整个世界都在监视他似的。

作为一个公司员工，老板不在的时候，也是容易放松自己的时候。可是，勤奋工作应该是发自内心的，你的任何业绩都是自己努力的结果，你不能仅仅是做出样子来给老板看，老板要的是实际业绩和工作成果。

记得一个从事餐饮业的朋友曾经讲过这样一个故事：

有一个偏远山区的小姑娘来到城市打工，由于自己没有什么特殊的技能，于是她选择了餐馆服务员这个职业。在常人看来，这是一个不需要什么技能的职业，只要招待好客人就可以了。许多人已经从事这个职业多年了，但很少有人会认真投入这个工作，因为这看起来实在没有什么需要投入的。

这个小姑娘则恰恰相反，她一开始就表现出了极大的耐心，并且彻底将自己投入到工作之中。一段时间以后，她不但熟悉了常来的客人，而且掌握了他们的口味，只要客人光顾，她总是千方百计地使他们高兴而来，满意而去。她的举动不但赢得顾客的交口称赞，也为饭店增加了收益——她总是能够使顾客多点一二道菜，并且在别的服务员只照顾一桌客人的时候，她却能够独自招待几桌的客人。

就在老板逐渐认识到她的才能，并准备提拔她做店内主管的时候，她却婉言谢绝了这个任命。原来，一位投资餐饮业的顾客看中了她的才干，准备投资与她合作，资金完全由对方投入，她只负责管理和员工培训，并且郑重承诺：她将获得新店25%的股份。

现在，她已经成为一家大型餐饮公司的老板了。

工作的主动性是员工的必备素质。事实是，无论趁机偷懒还是谨慎无奈地继续自己的工作，都不是正确的做事方法。尽管后者仍然努力，但那也只是防止有人打小报告，告自己的状而已。被动地工作最多能够完成老板交代的任务，然后心安理得地拿自己的薪水，对一个优秀的员工而言，这样做是远远不够的。

评价员工优秀与否有一个标准，那就是他工作时的动机与态度。如果如前所说那样被动地工作，习惯于像奴隶一样在主人的督促下劳动，缺乏工作热情，那么可以确定，这样的员工是不会有什么成就的。优秀的员工之所以努力工作，并非只是为自己的饭碗与薪水，他们有更高的追求。把工作简单地视为换取劳动报酬的想法是低级的、短视的，有望成就事业的人永远不会把眼睛停留在薪水上，与此相反，他们把工作当做一项事业来做。

所以，自动自发地工作是每一个优秀员工的共同特点，没有对工作的热爱就不会有全身心的投入，就会因为缺乏自律而放任自流，更谈不上成就什么事业了。

自动自发是一种对待工作的态度，也是一种对待人生的态度，只有当自律与责任成为习惯时，成功才会接踵而至。绝大多数成功的创业者并没有任何人监督其工作，他们完全依靠自律工作。所谓一屋不扫，何以扫天下。试想一下，如果对自己的工作都不能全身心投入，开创自己的事业最后只能沦为一句空谈。

自动自发也是对自己的一种责任。无所事事、懒散松懈的习惯使许多天赋很好的人步入平庸，这样的例子并不在少数。许多成功的人并不一定天赋很高，是勤奋使他们一步步走向成功与卓越的。反观很多天赋很高的人却常常因为自己的放任与懒散而日趋平庸，甚至一事无成。

记住，老板不在绝不能成为你偷懒或放松自己的理由。恰恰相反，你应该将之视为一个机会，一次考验，在严格自律的同时，锻炼一下自我鞭策的能力。

第七章

忠于团队，让自己变得更优秀

1
以诚实守信为做人准则

人无信不立，良好的信誉能给自己的生活和事业带来意想不到的好处。诚实守信是形成强大亲和力的基础——诚实守信会使人产生与你交往的愿望，在某种程度上，会消除不利因素带来的障碍，使困境变为坦途。要求报酬的诚实，算不上是诚实。诚实是没有等级、不分贵贱的，诚实就是绝对的诚实。不论贫富与否，诚实都不是为交换报酬而来的，诚实本身就是奖励，它是人类行为中最具有成效的一种。诚实的人从不担心向谁撒了什么谎，无需忧虑谎言会被揭穿，所以，他们可以集中心力做事。

从事社会工作总有发表意见的时候，你可能暂时伪装自己，表现出一副诚实的面孔，但是人们最终还是会根据你的所作所为，而非你的言辞来判断你。如果你一向说的比做得多，请即刻立下誓言，改变自己的行为吧！

诚实是衡量人品行的一把尺子，这把尺子，无论古今中外，适用于所有人。那些有能力并每天都向世人证明自己是值得信赖的人，具有价值的人，他们迟早会得到重用和提升。

诚信是一枚凝重的砝码，放上它，我们生命的天平就不会摇摆不定，我们生命的指针将稳稳地指向一个方位。那里，正是我们的理想。

有位樵夫在河边砍柴，一不小心，斧头掉到了深水里。樵夫丢了谋生的工具，无脸回家，于是坐在河边号啕大哭，悲叹自己运气太坏。赫耳墨斯来了，问他为什么要哭。于是樵夫把自己的不幸告诉了赫耳墨斯，赫耳墨斯就跳到河里替他寻找。第一次打捞出一把金斧头，赫耳墨斯问他落到水中的是不是这一把。樵夫摇摇头说："不是。"赫耳墨斯再次下水，又捞上一把银斧头。樵夫还是摇头。赫耳墨斯第三次下水，这次捞上来的正是樵夫落水的那把铁斧头。樵夫大喜道："就是这把。"赫耳墨斯非常赞赏他的诚实，就把金斧头和银斧头也送给他了。

这位樵夫用自己的诚信获得了赫耳墨斯的信任，最终也给自己带来了更大的财富。在我们的人生旅途中，我们有时可能会由于诚实而暂时错过一些东西，但是，从长远的人生来看，这些都算不了什么。因为我们需要的是建立信用，树立真正诚实的名声，让我们被人信赖，而这些都是不能用金钱可以衡量的。

在公司里，许多人总想着改善自己所处的环境，却没想到要完善自我，于是他们的处境很难得到改变。而要完善自己，首先要从诚实开始。诚实是最好的策略，这句古老的谚语被日常生活不断地证实。诚实也许无法让所有的人都喜欢你，但是至少可以让大多数人都信赖你。诚实的人日久天长会逐渐养成宽容博大的胸怀，周围也将充满微笑和友爱。

诚实的品行对于个人或者事业的成功都是必不可少的。一个酿酒商把自己的成功归功于他在卖酒时的慷慨大方。他说："在和你的邻居做生意的时候，你的量筒要装满，要溢出来。最后，你一定不会吃亏的。"他的诚实行为使他声名远播，为他后来的致富奠定了坚实的基础。

即使是从事平凡职业的人，诚实也能让他获得实实在在的成功。一个石匠，如果他把自己的良心放进自己所凿刻的每一块石头之中，一定能为自己赢得很好的名声。所以，杜宾男爵认为诚实是一个人成功的根本原因："凭借欺诈、奇迹和暴力，我们可以获得一时的成功；但是只有凭借诚实和正直，我们才能获得永久性的成功。”

在《你属于哪种人》一书中，作者举了个例子。

一家大公司的录用标准和晋升标尺是：应征者是否诚实坦率。他们的老板这样解释：一般来说，如果一个人在金钱使用上有了什么不良的纪录，或者因为不诚实有过惩罚纪录，我们公司就不会录用这个人。他还列举了四点理由：

第一，我们需要有责任心的员工。以前的种种不良纪录就表示那个人在人格上有缺陷。

第二，如果一个人在金钱上不守承诺，你能相信他还会在其他事情上守信用吗？

第三，我们需要的是兢兢业业为公司效力的人，很难想象一个没有诚意、投机取巧的人会在他的工作岗位上尽职尽责。

第四，我们不想自找麻烦，因为财务问题会导致很高的犯罪率。如果一个人无法妥善解决自身的财务问题，我不敢保证这个人会不会挪用公款，甚至偷窃财物。

这家公司的用人标准说明了这样一个问题：诚实是衡量一个人品行的尺子，无论什么时候，都可以用来检验一个人。

也许你会说这很不公平，因为过去的毕竟已经过去了，以往虽然有错，但是也应该给他一个改过自新的机会。但是面对一个曾经犯过错误的人，你不可能心无芥蒂。那怎么办呢？这个人应该用实际行动证明自己改过自新的决心，重新唤起人们的信任。正如著名翻译家傅雷说的：“一个人只要真诚，总能打动人的；即使人家一时不了解，日后也终会了解的。”以诚待人，会在可以信赖的人们之间架起心灵之桥，通过这座桥打开对方的心灵大门，在此基础上并肩携手，合作共事。

在工作中保持诚实守信不是一件容易的事。你从事的职业严格地考验着你能否诚实、自我控制、公正和坦诚。惟其难能，所以可贵。那些经受了考验、没有被玷污并且能始终保持诚实的人一定会得到人们的信任，他们将被授予更重大的任务，也就有机会获得更大的成就。他们的人格成了人生的最大财富，有了这样高尚的品质，最疑心的人也会被征服。

2

抹除工作中分内、分外界限，为公司卖力不吃亏

公司不仅是老板用来赚钱的场所，更是我们成就事业的用武之地。为公司多做一些分外的事算不得什么，如果谁都能抱着“厂兴我荣，厂衰我耻”的心态为公司多做些事的话，就不会觉得吃亏。

任何一家公司，即使拥有最完整的规章制度、最详细的职务管理说明，也不可能把每一名员工的任务和应做的每一件事都讲得清清楚楚。有时公司会有一些临时的事情分配下来需要人做，并没有什么明确规定说这些事情应该由谁来做、谁可以不去做。如果被指派的人都说：“凭什么要我去？我又不是专门负责这项工作的。”那么可以肯定的是，这种斤斤计较、患得患失的人在一个组织里很难站稳脚跟。

公司犹如一个大家庭，需要我们主动地去完成一些分外的事来帮助它发展壮大。公司的事情很琐碎，不知道哪天会遇上一些本来与你从事的工作不相干的事情，若你对这些事抱有抵触情绪、不愿意去参与完成，公司可能会因此损失一些本来应该赚取的利益。如果员工们能多承担一些“分外”的事，于自身和公司都是有益处的，反之则只会给自己和公司带来严重的后果。

小李在一家外企给德国老板打工。大家都知道德国人是很传统的，素来给人以一种踏实严谨的感觉。外企工作几乎是白领的代言，当初小李为了能够进入这家公司，不知做了多少准备、耗费了多少精力才挤进去。可是现在的他对于那时的工作生活，仅仅剩下无限的向往了。

小李是个很有个性的人，认为拿别人的钱办事，只要在做工作的时候不被挑出刺儿来就万事大吉了，工作中即使有什么需要承担的责任也不会找到自己的。“各家自扫门前雪，休管他人瓦上霜”，话虽说如此，可是毕竟公司的事情不是居家过日子想要怎么来都可以，办公中最忌讳的就是小李的这种态度。

小李之所以丢掉了工作，仅仅缘于一件小事。

那是他们公司举行一个新产品推广会的前一天，德国老板把要宣传的新产品性能介绍书的策划及装订任务交给了小李所在的部门，要求他们尽量赶在明天的推广会之前做完。小李看看时间，已经距下班不到半个小时了，然而部门经理还是把他们各自的任务分配下来了。小李的任务就是把同事们打印完、排好顺序的材料装订在一起，很显然这是此项工作的最后一道程序。当同事们都在热火朝天赶工的时候，小李却是满怀不爽的情绪：又要加班！而且这也不是我应该做的，凭什么做呀！这种事雇佣一些高中毕业的人就能做，用我们这些高材生，真不知道老板是怎么想的？一股莫名的抵触情绪油然而生。于是他在同事们都忙碌的时候，依然假装还在忙自己的工作，事实上他正在看一份杂志。

小李分到的项目是比较轻松的一道程序，只是把那些材料归拢整齐后订到一起就可以了。已经有整理好顺序的产品介绍送到了小李面前，但仿佛这件事和自己根本一点关系都没有，小李居然没有要动手的意思。这时经理走到小李跟前发现他根本不想做这件事，便气愤地对他说："你如果觉得没有必要做这些工作的话，我会满足你的要求让你尽快摆脱这种束缚的！"经理之所以生气，是因为介绍材料相当多，而且一定要赶在明天之前完成，再看到小李这种"事不关己，高高挂起"的态度，当然抑制不住要生气了。

小李受到警告以后，还是乖乖地丢下手里的杂志做了起来。做起来才知道这些事远远没有他想象的那么简单，还真把他这个高材生忙活坏了。等其余的同事都忙完了手上的工作，小李才仅仅装订了几本，离完成还相差甚远呢！同事们在经理的发动下一起帮助小李做，任务很快就做完了。经理这样做并不是要帮小李，而是为了完成整体任务，这点小李后来就明白了。

展会开完的第二天，人事科经理就找到了小李。告诉小李公司给他一个月的准备时间，让他去找找别的工作！显然公司是辞退他的意思。看在小李是将被解雇的人，人事科经理便向他透露了真相——老板一大早就找到了自己，特别点名要解雇他。这其中的原因他也不清楚，老板好像很生气，嘴里不停地说："像他这样的员工根本不适合在这个公司工作！"小李一下就清楚了原因，只能万分后悔地离开了公司。

何止德国人如此认真，每家公司的老板都是如此，对老板们来说，只要是在公司里员工就不存在分外的事。

可能你会觉得这样不公平，手上虽然在做着"分外的事"，可心里却愤愤不平：为什么总是让我去做，又不给额外的奖励。殊不知这正是老板器重你的一面，可能他认为你做事比较麻利而且认真，事情交到你手里放心。这也许就是你的价值所在，没准老板正在考察你的做事能力和态度，可能准备提升你呢！

抱怨分外的工作，不是有气度和敬业的表现。一个勇于负重、任劳任怨，被老板器重的员工，不仅表现在认真做好本职工作上，也体现为愿意接受额外的工作、能够主动地为公司排忧解难。多做一点额外的事我们毕竟不会被累坏，还能为公司创造更多的价值。不要再为这些是否是你分内的事而斤斤计较了，要勇敢地相信：付出是一定会有回报的。

3

随时维护公司利益是员工的义务

“回扣”一说，古已有之。那时候店家为了赢得回头客，给采购的或者是跑腿的几文酒钱，卖出货物的价格和市场上一样，买家并不吃亏，这是公开的事情，不会损害他人的利益。随着人类社会交易量的增大和社会活动的增多，“回扣”已经成了约定俗成的潜规则，且“回扣”花样翻新，不仅买卖交易中有“回扣”，诸如介绍工程、安排工作、当官升职等，都有“回扣”一说，举不胜举。现在的“回扣”量大得惊人，特别是那些掌握着购买权的人。据说在某著名的跨国公司内部，最广泛的腐败是“10%”法则，员工所做项目的回扣占总业务额的10%。另外一种则是公司员工或其直系亲属在供应商、代理商或客户的公司中拥有股权，腐败使该公司每年在中国的直接损失不少于500万美元。

吃拿回扣侵犯了公司利益，是缺乏忠诚的表现。员工为了个人的私利，暗中吃回扣，装满了自己的腰包，损害的却是公司的利益，这样的员工肯定不会受到公司的欢迎。而且由于担心败露，常常难得安神，更何况世上没有不透风的墙，纸里包不住火，事情迟早会暴露的，结果就可想而知了。忠诚的员工会时刻把公司利益放在心上，不为私利所动。

这是一次激烈的商业谈判，双方的交锋异常尖锐。A公司的谈判人员要想按照公司事先拟好的计划来谈恐怕会有一些问题，但是他们必须获得成功，因为这次交易的商业利润非常可观。B公司也有自己的底线，但是他们不能轻易地就亮出自己的底线，谈判一直在僵持中。

A公司一直摸不清B公司的谈判底线，经过几天的周旋，还是雾里看花。A公司的谈判助理说："实在不行，我们就收买他们的谈判人员，答应谈判成功之后给出让他满意的回扣，这对我们来说，是舍小保大，从长远来看，是值得的。我听说C公司和D公司也已经介入了，如果不采取措施的话可能会失去这样的机会。"

谈判副主席对此不同意，认为这样做违背公平竞争的原则。

最后，谈判主席，也就是这家公司的副总裁，认为可以试一下，他说："我想证明一个问题。"

A公司的谈判助理以为，没有人不喜欢钱，"重赏之下，必有勇夫"，他制订好计划就开始了运作。然而，事情居然出乎他的意料，他以为自己的计划很周详，也很到位，给他们的回报也不低，没想到却遭到了他们的坚决拒绝。

A公司的谈判助理悻悻而归。当他把这个消息告诉A公司的谈判主席时，谈判主席却笑了，并且点点头。谈判助理不明白。

第二天谈判开始的时候，没有人说话。

这时A公司的谈判主席说话了："我们同意贵公司提出的价钱，就按照你们说的价钱成交。"这是让A、B公司两家谈判成员都没有想到的。

接着，A公司的谈判主席继续说："我的助理做的事情我是知道的，我当时没有反对，就是想证明一件事。最终证实我的猜想对了，贵公司的谈判人员不仅谈判技巧高，而且协作非常好，最关键的一点是，你们对自己的公司非常地忠诚，这很令我敬佩。一个公司的生存并不是仅仅依靠钱的多少，员工的忠诚和责任对于一个公司而言，就是命脉。你们的表现让我看到贵公司命脉坚实，和你们合作，我们放心。从价钱上来看，我们是亏了一些，但我认为我们会赚得更多。”

他的话还没说完，全场就响起了热烈的掌声。

忠诚是最根本的职业准则。一个忠诚的员工，会顾全大局，以公司利益为重，绝不会为个人的私利而损害公司的整体利益，不会为了自己的利益而拿公司的利益做交易。一个忠诚和负责任的员工，会为了公司的利益不惜牺牲自己的利益。他们相信，只有公司强大了，自己才能有更大的发展。同时，他们会在工作中自觉抵制侵害公司利益的行为，这是每一个员工应该承担的义务，也是每一个员工不可推卸的责任。

冯阳受聘到某苗圃公司当护林员。一天，冯阳和另一名护林员在巡查时，发现树苗地里有一辆黄色大卡车，车上有几个穿迷彩服、戴安全帽的男子，其中司机在抽烟。“您别再吸烟了，免得把树苗点着了。”两人走上前善意地提醒。当两人回到苗圃住地时发现，车上6人已开始在拔地里的幼苗，冯阳见状急忙叫同事去通知其他人，自己上前阻止这些人的盗窃行为。偷苗的人一看冯阳只有一个人，不仅不退，还恶狠狠地威胁冯阳少管闲事。冯阳并不退缩，窃贼见状，便肆无忌惮地对冯阳进行人身攻击。冯阳一边躲避一边还击，奈何寡不敌众，被众贼打倒在地，幸好这时同事们都已经赶来，众贼一见不妙，上车就跑。冯阳不顾伤痛，一把抓住其中的一个盗贼，在同事的帮忙下，将其扭送到了公安机关。事后，公司对冯阳的行为进行了表扬和嘉奖。

责任感反映了一个人的精神境界。有责任感的员工，突出的优点是他们绝不是个人中心主义者，集体的利益总是先于自己的利益，把公司的利益看得高于一切，做事以公司的利益为重。紧要关头，危急时刻，当有些人后退的时候，他们却挺身而出。他们工作并非风风光光，但公司因他们的存在而绵延发展，因他们的存在而展现耀眼光辉。

4

为了公司发展，真诚地与同事协作

如果说公司是一部大机器，员工就好比是每个零件，只有各个零件配合协作，凝聚成一股力量，这台机器才可能正常转动。这是同事之间应该遵循的一种工作精神或职业操守。

同事间本应该互相帮助、互相关心，但由于竞争激烈，办公室里同样不可避免你争我斗，这让身在职场的你我如履薄冰、险象环生。

鲍勒尔在广告公司的能力有目共睹，已经有传言公司正在考虑提升他为客户部主管，不过，公司还是从外面挖来了高手坎斯丽担任此职。

坎斯丽年轻能干却很低调，时时向鲍勒尔请教工作中的难题，他们因为都喜欢玩“智力游戏”而互为知己，有时两人还会在办公室里闲聊几句，偶尔鲍勒尔也议论一下公司同事的短长。但不久鲍勒尔隐约感到公司上层对自己的工作有些不可理喻的挑剔，而且还有好几个同事想离开这个部门。这时鲍勒尔才惊觉坎斯丽的厉害，从此再也不向办公室的任何人说真心话。

难道办公室里就没有真正的友谊吗?

艾伦经过几轮面试，终于应聘成功。今天是她到新公司上班的第一天，这是一个规模不算大但很有前途的公司，老总似乎很赏识她，一个新的天地在她面前逐渐展现。

但是，一切似乎并不如预想的顺利。第一天上班，她交代助理将进货清单按照格式列好，助理很诧异地说，以前的组长不是那样做的。艾伦坚持要助理这样做，助理有些不高兴。午饭时，艾伦刚走进公司楼下的快餐店，就看到谈得正欢的几个同事忽然安静了下来。她隐约觉出了什么，心里很是不安，远远地坐在另外一张桌子上……

一个星期下来，艾伦和同事之间似乎总有着一定的距离。第二个星期，老总有一件急单要处理，同事们将事情推给了她，她加班到凌晨，打算要做好让同事看看。没想到，第二天老总发现单子出了问题，大发雷霆，同事都把责任推到她身上。她忍不住和一个说话尖刻的同事吵了起来，彼此都说了难听的话，直到老总制止了她们。

她忽然觉得自己来这个公司真是个错误，老总怀疑她的能力，新同事都一致排外地给她难堪。事情没有比现在更糟糕的了，尽管她一直都希望自己能在新的公司工作出色，就如在以前那家公司一样，同事尊敬，老板信任，如果不是想要和男朋友生活在一个城市里，她也不会放弃刚开了个好头的事业。她从来都没有怀疑过自己的工作能力，可是为什么自己的新工作会这么吃力？问题难道只在别人的身上？她不想回家，也不想让男友担心……

她忽然想起，那天让助理列清单时，自己并没有向她解释清楚这样做的原因，难免产生了误会。自己在业务上有困难时，从不向有经验的同事请教，别人一定以为自己不需要帮助；同事将急单交给她，也许只是为了锻炼她，是自己太急躁，明明是一个新人，却刻意地拉远自己和同事的距离，摆出一副很能干的样子。而且，到新公司这么久以来，她从来没有主动帮助过谁……太多的原因，原来竟发生在自己的身上啊！

第二天早上，艾伦找到助理："对不起，我一直没有和你沟通好我的想法。"她把自己的理由对助理说了，又细心听了助理的意见，两人终于商量出一个更有效率的工作方法。午饭时间，艾伦走到那个和自己吵架的同事面前，轻声说："对不起，那天是我不对，说了很多伤害你的话，可以和你一块吃饭吗？"同事听了，也觉得很歉疚。两人欣然一笑，艾伦借此熟悉了这位同事的性情。

几个月过去了，工作中的艾伦更美丽，也更真诚。她热心地帮助同事解决问题；遇到困难时，她就虚心向同事请教；她还以细致的服务为公司争取来了大客户。公司的盈利为大家带来了努力工作的动力，和谐的人际关系也为艾伦带来了身心愉快的工作环境。在年度庆功酒会上，当艾伦宣布自己的婚讯时，她得到了所有同事衷心的祝福。

所以说，在规划自己需要一个怎样的工作环境的同时，是不是应该先想想，同事们需要一个怎样的新同事呢？不如先学会反省自己，为什么不先从良善的角度去分析别人呢？

其实在生活中不难发现，有的公司因为内部人事斗争，不仅公司本身"伤了元气"，对整个社会也会产生不良影响。所以作为一名在职人员，尤其要加强个体和整体的协调统一。因为员工作为公司个体，一方面有自己的个性，另一方面，就是如何很好地融入集体，而这种协调和统一很大程度上建立于人的协调和统一。

所以，无论自己处于什么职位，首先需要与同事多沟通，你不要抱着同事是"冤家"和"敌人"的成见，否则你会难以立足，更不要提什么发展了。因为你个人的视野和经验毕竟有限，所以一定要避免"独断独行"的印象。况且，随着社会的分工越来越细，这种沟通协调也是必需的。当然，同事之间有摩擦是难免的，即使是对一件事情有不同的想法，我们也应具有"对事不对人"的原则，及时有效地调解这种关系。不过从另一角度来看，此时也是你展现自我的好机会。用成绩说话，真正令同事刮目相看。即使有人对你有些非议，此时也会"偃旗息鼓"。当然有了成绩，也不应滋生骄傲的情绪，觉得"高人一等"。我们应该意识到：工作是一种团队合作精神，成绩是大家共同努力的结果。顺便提醒你，如果你有了物质奖励，不妨拿出一部分和同事一起分享。

对于初涉职场的人而言，不要有什么顾虑。只要你本着真诚待人、勤学为主的原则，就可以开拓较为良好的人际局面。当然，因为初来，同事对你的感觉还比较陌生，可能你会产生自卑的感觉，好像觉得自己是局外人一样。这点可以理解，但不应成为你的负担。你可以通过自身实力展现自己，并使自己尽快融入工作氛围中。这里尤其得提到勤学。勤学包括两层含义：一是勤快，二是肯学习。前者尤其重要，比如说你应提前半个小时搞好清洁卫生。同时，你应通过学习，尽快掌握技能并熟悉公司业务。如果你在工作中遇到困难，应自己思考在先，实在不明白的，可以请教同事。注意不要忘了道谢。如果你能在工作中表现出良好的个人修养和素质，相信会给同事留下较好的印象。

这是一个强调团队精神的时代，公司的成功要靠整个团队。团队成员需要良好的协作，也需要互相帮助。一个人不忙时，要主动帮助他人，这是一种团队精神。在麦当劳，如果没人扫地，店长都会去扫地的，也会帮人点餐。如果有一队排的很长，其他队人很少，一定会有人说：那边的客人请到这边来。麦当劳文化的一个重要特点就是快速的服务，做到这点的一个重要原因就是员工会在不忙的时候，主动帮助他人。其实这一点也是美国公司的一个文化，这是人家的长处，我们需要学习。

今天你帮助别人，不仅是一种积极的工作态度，也有利于你自己的将来。有一天，当你也需要别人的帮助时，别人也会来帮你。现实中，很多人崇尚本位主义，自己不忙时不会主动去帮助别人，反而讥讽人家忙是活该。如果一个组织存在这种思想，那么这个组织就很危险，很难成为“一家人”，其凝聚力、战斗力就会大打折扣。

5
搞好内部关系，让和谐的氛围成为公司成功的保障

在中国的处世哲学中，中庸之道被奉为经典之道，中庸之道的精华之处就是以和为贵。同事作为你工作中的伙伴，难免有利益上的或其他方面的冲突，处理这些矛盾的时候，你第一个应想到的解决方法就是和解。毕竟，同处一个屋檐下，抬头不见低头见，与同事和睦相处，在老板眼中，你的分数将会又上一个台阶，因为人际关系的和谐处理不仅仅是一种生存的需要，更是工作上的需要。

和谐的同事关系会让你与周围同事的工作和生活都变得更简单，更有效率。

要知道这个社会也许不像你想象得那么美好，但也绝不像有人说的那么险恶，关键在于你是否主动去帮助别人并努力创造和谐的环境。曾经看过这么一个故事：

在一个寒冷的冬天，一个卖包子的和一个卖被子的同在一间破庙里躲避风雪。卖包子的很冷，卖被子的很饿。他们谁都以为对方会开口求自己，因此谁都不愿先开口。过了一会儿，卖包子的对自己说："饿了，吃个包子。"卖被子的也自言自语："冷了，盖条被子。"就这样，他们一个不停地吃包子，一个不断地往身上盖被子，谁也不愿向对方求助。到最后，一个饿死了，一个冻死了。

生活中也不乏故事中的那种人，奉行着人若敬我我便敬人，人若求我我便求人的人生哲学，把主动权交给了别人。殊不知，转移主动权的同时，生存的权利、成功的机会也被转移了。

有许多人遇到自己不能解决的困难时，总是羞于向别人启齿，或者不希望给别人带来麻烦，这是不对的。因为一方面，你不向别人求援，别人就不知道你的困难，那么你就失去了一个解决困难的机会。另外一方面，你不向别人求援，别人就会误认为你是一个怕麻烦的人，以后别人一旦有事自然就不会向你倾吐衷肠了。因此大家日后在遇到困难事情时，应该勤于向同事求援，这样能表明你对同事的信赖，从而能进一步融洽与同事的关系，加深与同事之间的感情。良好的人际关系是以互相帮助为前提的。

工作中，每个人都感觉到自己是这一大家庭中的一分子。然而在实现这一共同目标的过程中，每一个人所扮演的角色又各不相同。如果你的同事，也包括你自己并不明了自己究竟在干些什么，目标是什么，那么不妨请教老板，让他帮你们弄清（老板通常会很乐于帮助你们）。

同事们如果目标明确，那么实现目标就容易得多。平时不妨和你周围的同事谈谈你们共同的工作志向，一来可以让自己了解自己的工作职责，同时还可以得知你周围的人是怎样看待你的工作的。清楚自己的权限职责，并懂得如何朝着目标迈进，这种良性循环会在公司内部形成一种和谐的氛围并能培养一支高素质的团队。在同事们都有共同目标的前提下，同事之间出现的问题往往都会很快解决。

你的同事对你的了解也相当重要。制造一些机会和大家一起外出。如果你收到了别人的邀请，要欣然接受。和同事一起打球，一起共进午餐，都是和同事们相互沟通、相互了解的有效途径，有助于建立一种积极的、良性的工作伙伴关系。

如果你的同事情绪偶尔表现很糟糕，并且对你又有些出言不逊，这时最好不要计较，因为这不是针对你个人的，一切很快就会过去。

尽可能和同事保持一致，并要注意，你现在是不是太尽责，或是有点不合群，还是责任心不够。如果你想泡杯咖啡，要问问你周围的同事他们是否需要。你如果力能所及地去帮助他们，他们会更乐于回报你。

在工作中出现的问题，你可以随时请求老板的帮助和指导。如果你不愿意这样做，也可以寻求公司里资历深的同事进行咨询和协调，或者读一些关于如何与同事相处融洽方面的书。

6
与老板同舟共济

只有那种既有能力又忠诚于公司和老板的人才是每个公司最理想的人才。现代管理学认为，员工的忠诚是公司核心竞争力的重要组成部分，没有了忠诚，公司迟早会在残酷的市场竞争中被淘汰出局。

可以说，老板和员工是共生的关系。没有了老板，员工就失去了赖以生存的就业机会；而没有了员工，老板想发展公司、追求利润也只能是镜中花、水中月。

理查德在一家大公司供职，才华出众，办事能力很强，因此，他很快被提拔为技术部经理。他认为，更好的前途正在等着他。

有一天，一位投资商请理查德喝酒。席间，投资商说："最近我的公司和你们公司正在谈一个合作项目，如果你能把你手头的技术资料提供给我一份，将会使我们公司在谈判中占据主动权。"

理查德听后，皱着眉头说：“让我做背叛公司的事情？”

投资商说：“这事儿只有你知我知，不会影响你。”说着，将20万美元的支票递给理查德。理查德心动了。

在谈判中，理查德的公司损失很大。事后，公司查明真相，辞退了理查德。本可大展宏图的理查德不但失去了工作，同时也因为接受了20万美元的商业贿赂而被追究刑事责任。他懊悔不已，但为时已晚。

员工的忠诚和公司的信任是相辅相成的。不忠诚的员工即使才华横溢也难以成功，因为他无法得到老板的信任。忠于老板，忠于公司，也就是忠于自己；背叛公司、老板，也就是背叛自己，最终只能走向失败。

一名员工要想发展自己，应该将个人命运与公司发展密切相连，恪尽职守、忠诚事业，无私奉献自己的聪明才智和辛勤汗水。只有这样，自我价值才能最大限度地得以实现。

现在的公司越来越小型化，竞争越来越激烈，如果员工和老板之间彼此针锋相对，互不信任，自然无暇抗拒来自外部的竞争。只有愚蠢的员工才会耗费大量的精力去和老板争斗，聪明优秀的员工会不断调整自己的思路，与老板保持一致，因为他们已经开始意识到以下的变化趋势：

第一，个人利益与公司利益紧密地结合在一起，只有公司发展壮大了，员工的个人利益才能得到可靠的保证。

第二，员工个人才华的有效发挥越来越离不开老板。只有在公司中找到适合自己的工作平台，才能尽可能地施展出所学与专长。

所以，真正意义上的员工与老板的关系，是互惠互利、创造双赢的合作者。

因此，作为员工，不要忘了自己的角色，你需要时刻为公司利益着想，把自己视为公司的主人。

正如英特尔前总裁安迪·格鲁夫说的那样，把公司当成自己的家，把自己当成这个家的主人，为这个“家”的利益着想，对你的所作所为负起责任，并且持续不断地寻找解决问题的方法，自然你的表现便能达到崭新的境界。

如果你做不到让自己成为公司的主人，至少也要把自己视为公司的合伙人。安迪·格鲁夫曾经说过：“为我工作的人都得具备成为合伙人的能力，要是没有这样的潜力，我宁可不要。”

忠诚作为公司和员工之间的相互性行为，在实践中需要以公司对员工的忠诚为先导。作为公司的老板，在抱怨员工缺乏忠诚之前，可以先检查一下自己，公司是否对员工工作和生活真诚地负责了？是否保护了员工的合法权益，合理地给付了薪资和福利，提供了增长才干的机会，并帮助和促进了员工的个人发展?

对于公司来说，忠诚能带来效益，增强凝聚力，提升竞争力，降低管理成本；对于员工来说，忠诚能带来安全感。因为忠诚，我们不必时刻绷紧神经；因为忠诚，我们对未来会更有信心。

因此，如果你渴望成功，那么就要与公司和老板共存，时刻为公司利益着想，总有一天你会得到理想的回报。

7
频繁跳槽——不忠诚者无法掩饰的特征

跳槽对人才的职业发展而言是一把双刃剑。在一些情况下，跳槽是激发职业发展潜力的良好机会，另一方面，过于频繁地更换单位或工作，既不利于专业经验和技能的积累，也是对公司缺乏忠诚的表现。

职业生涯中换几份工作是正常的，但是每一次“跳槽”是否为你带来正面的效应，是否会对你的人生价值有所提升（并不单纯指薪水的提高），这是辞职前必须深思熟虑的问题。许多人盲目地追赶潮流，不看新工作、新公司是否适合自己，没有反思自己的工作态度和心情，轻易地放弃原本熟悉的工作，结果陷入更为恶劣的工作环境中。跳槽太过于频繁的人，往往得不偿失。因为工作能力的培养，都需要经过一个相对较长的时间。如果经常跳槽转行，非但找不到理想中的归宿，还有可能在追求高薪中逐渐丢失自己应有的职业目标。因为，每一次跳槽大多都得从第一线做起，对个人经验的积累并无益处，给人留下了不安分的感觉，下一次跳槽也许就很难找到理想的工作。另外，由于不断更换工作，每一次都得重新打造关系网，很难拥有同事兼朋友的珍贵情谊，也难以得到老板的信任。

缺乏忠诚度，频繁地跳槽直接受到损害的是公司，但从更深层次的角度来看，对员工的伤害更深——个人资源的丢失，“这山望见那山高”的不良习惯，都使员工自身价值有所降低。这些人对自己的内心需求没有认真地反思，对自己奋斗的目标没有清晰地认识，自然无法选择自己的发展方向。人一生要走许多路才能达到自己想要达到的地方。从职业的角度来看，一个人难免要调换几次工作才能找到合适自己的工作。但是这种转换必须依托于整体的人生规划。盲目跳槽，虽然在新的工作环境里收入可能有所增加，但是，一旦养成了这种习惯，跳槽就不再具有目的，而是成为一种惯性。久而久之，自己就不再勇于面对现实，积极主动克服困难了，而是在一些冠冕堂皇的理由下回避、退缩。这些理由无非是不符合自己的兴趣爱好啦、老板不重视啦、命运不济啦、怀才不遇啦、别人不理解啦，等等，整天幻想着跳到一个新的单位后所有的问题都迎刃而解了。其实，这往往导致工作中的问题越来越多，而忠诚敬业的精神却渐渐消逝了。

当跳槽这种风气蔓延到整个商业领域时，许多本来具有一定忠诚度的员工也受到传染。在我们的周围也有为数不少的人加入了跳槽大军，换工作如换衣服，甚至到最后自己都记不得自己具体做过什么，使整个职业环境继续恶化。

汉森是一个截然不同的人。他大学毕业就来到纽约，在一家出版社担任校对工作，一个星期只能挣150美元，而且还必须从早忙到晚。他的朋友们都劝他换一个工作，说这样低的工资不值得他如此卖力。可是他始终没有放弃，从不抱怨自己工资太低。他诚恳踏实的态度受到了老板的关注，一年以后，他的工资就涨到了每周750美元，并且被提拔到一个重要的部门。在新职位上，汉森继续保持自己良好的工作习惯，最后被提升到总编辑的位置，成为出版社收入仅次于老板的人。

然而更多人的情况就不同了。到了年终，许多人又开始筹划“跳槽”了。于是他们每天最重要的事就是研究报纸上的招聘启事，如果某家公司开出的待遇较高，那他们一定义无反顾地爱它没商量。有的甚至在一个月之内连跳三家。说起来，这样频繁“跳槽”的人个人资质一般都不错——

大学以上文化水平，外语、计算机水平轻松过关，外形也不差，而这样的人往往这山望着那山高，把现实与理想世界严格地进行对比，稍有不是，就“跳槽”没商量。他们还往往看不起那些老老实实呆在同一个单位，多年没有挪窝打算的人。“每个月固定拿这么一点工资，一年到头能攒多少钱？不如跳槽去！”

你做出跳槽的选择，究竟是基于什么样的原因？在做出跳槽的决定之前，你想清楚自己放弃了什么又将会得到什么了吗？跳槽的第一步迈出去了，那么以后的事情你准备好了吗？面对新工作这样那样的不如意，你是选择继续改变还是留下适应？

不论是想得到更高的收入还是寻求更能发挥自己才能的环境，“跳槽”者总是希望新的工作能给自己带来新的感受，至少在潜意识里都希望新工作比跳槽前更令自己满意。然而，调查结果显示新工作并不总尽如人意。很多人“跳槽”是因为一时冲动而匆忙地做出决定，事后多半会感到后悔。所以，“跳槽”前一定要问自己几个问题，然后再决定是否“跳槽”。

①是否还有刚开始工作时的“激情”？

②我忠实于我的本职工作吗?

③我想“跳槽”，主要原因是什么?

④检讨自己，导致“跳槽”的原因是否与自己的某些不足有关?

⑤我的职业目标是什么?

⑥这里还有让我继续待下去的理由吗?

⑦以你以前的经验，“跳槽”后你满意吗，快乐吗?

不能成为跳槽理由的理由：

①因为另外一个工作会每月多给我1000元。你的价值仅止于这多出的1000元吗？请记住，如果你还年轻，那么你还需要学习专业知识，累积工作经验，发展人际关系……评估一份新的工作，除了多1000元之外，要看看是

否可以带来新的挑战。如果你已经不年轻了，那么你应当更加清楚自己想要的是什么了。你需要综合衡量一下利弊关系再做出自己的决定。

②我的主管太难相处，惹不起，还躲不起吗？如果再遇到难以相处的主管，你难道同样选择躲避吗？有时，难相处的主管也是另一种“好主管”，因为他给了你磨炼的机会。你还需要检讨一下自己，是否有自己的因素在作怪。

③这里的同事让我难以忍受。不容易沟通的主管、同事，到处都可能碰到，不如先在甲公司学会解决此类问题，将来再换到乙公司，就不会因同样的问题而再次离开了。

“跳槽”不是不可以，但在作出决定前，要考虑“跳槽”的成本。

因此，作为一名员工，除非迫不得已，最好不要动不动就想以跳槽来改变自己的境遇，你可以在岗位上勤恳工作，努力提高自己各方面的能力，积极进取，帮助公司腾飞，这样才能更有利于你走向成功。如果你连连换工作，相信老板会想：我这又是他的一块跳板，一块试验田……一旦老板这样认识你，你的处境就不妙了。

8
我为公司，公司为我

估计你会有这样一种感受，当你正为一件事焦虑的时候，如果你的朋友或家人也在为你的事情着急，那么你的焦虑可能会有所缓和。小时候，你不小心摔倒在地上了，如果周围没有人注意到你，你会小声哭一会儿或直接就爬起来了，但要是有人密切注意你的一举一动时，你会号啕大哭，以博取同情。这种心理与上面所讲的心理在本质上是一样的。或许，是有人焦虑，表示会有人替你承担一些责任或痛苦吧！

如果你是老板，你一定希望你的员工能和你一样，将工作视为自己的事业加倍努力、勤奋和积极主动。因此，当你的老板向你提出这样的要求时，请你不要拒绝。

一个为公司尽职尽责完成工作的人，终将会拥有自己的事业。许多管理健全的公司，正在创造一些使员工成为公司股东的机会。因为管理者们发现，当员工成为公司所有者时，他们会表现得更加忠诚，更具创造力，他们也会更努力工作。有一条永远不变的真理：当你像老板一样思考时，你就成了一名老板。

约翰·肯尼迪在总统就职典礼上所讲的话，不仅是一个国家，同样也是商业、职业乃至生活中获得成就的一项基本准则。

他说："不要问你的国家能为你做些什么，而应该问你能为国家做些什么。"

这句话准确地说出了大多数人无法获得成功的原因。过去，我们更关心自己的利益，关心自己是否能够获得足够的支持。而现在我们发现，其他人也都一样的"精明"，这使商场和职场的工作变得举步维艰。

在商场，我们应该提供物超所值的产品和服务给客户——这是我们能为他们做的，也是他们渴望得到的。毕竟，我们需要客户远远大于客户需要我们。"我们能为客户做什么"的准则，指导着每一个商业策略。

在职场，你要学会站在公司、主管、员工、同事的立场来看"我能为他们做什么"。这会为你带来更愉快的合作和更高的工作效率。面对家人和朋友，"我能为他们做什么"的想法使生活变得丰富而让人留恋。当你这样做时你会发现，给予他人越多，你就能获得更多。

在满世界都是"聪明人"的今天，肯尼迪五十多年前的教诲仍应是每个职业者的行为准则。想一想，难道你在公司的位置真的无人替代吗？你的客户就非得和你做生意吗？地球少了你就再也不转动了吗？显然，这不是事实。

那些始终思考"我能为公司做些什么"的职业者根本不用担心没有机会，更不用担心失业。因为他们想对了问题，做对了事。而整天在考虑"公司能给我提供什么？公司能为我做些什么？"的朋友，论资历还是实力，不妨想一下是否值得别人为你这么做？是否老大到舍你其谁的地步？

"不要问我你的公司能为你做些什么，而应该问你能为公司做些什么。"如果要说打工成功有什么秘密的话，这条策略应该摆在首位。当你以老板的心态对待公司时，公司也将会按比例付给你报酬的。奖励时间可能不是今天，但明天或明年一定会兑现，只不过兑现的方式不同而已。在今天这种狂热的竞争环境下，你可能会感慨自己的付出与受到的肯定和获得报酬并不成正比。下一次，当你感到工作过度却得不到理想工资、未能获得老板赏识时，记得提醒自己：你是在自己的公司里为自己做事，你的产品就是你自己。

假设你是老板，试想一想你现在是那种你喜欢雇用的员工吗？当你正考虑一项困难的决策或者正思考如何避免一份讨厌的差事时，请反问自己：如果这是我自己的公司，我会如何处理？当你所采取的行动与你身为一名员工时所做的完全相同的话，说明你已经具有处理更重要事物的能力了，那么你的晋升很快就会水到渠成。

9
时刻与公司的价值观保持一致

公司价值观是公司全体成员追求的固有思维方式、行为方式和信念的综合，它是公司的生命力，对公司的现在和未来都有着巨大的影响，是公司应对挑战的力量源泉。

一个公司在成长过程中会逐步建立自己的公司价值观念，并成为所有成员共同认可和遵守的价值体系。

（1）公司价值观是吸引力和向心力。

公司价值观最大的作用便是强调公司目标和公司成员个人目标的一致性，强调群体成员的信念、价值观的趋同，强调公司成员之间的吸引力和公司对成员的向心力。

公司价值观是一个方向盘，公司提倡什么崇尚什么，员工就追寻什么。

一种价值观可以长期引导员工为实现公司目标而自觉努力，使之向着对企业有利的方向行进。此外，公司还可以直接引导员工的性格、心理和行为，通过整体的价值认同来引导员工，为公司发展而努力。

（2）公司价值观是一种强力黏合剂。

企业价值观以种种微妙的方式来沟通人们的思想感情，融合人们的理想、信念和作风，培养和激发人们的群体意识。在特定的信念氛围之下，员工们通过自己的切身感受，产生对本职工作的自豪感和使命感以及对本公司的认同感和归属感，使员工把自己的思想、感情、行为与整个公司联系起来，从而使公司内部产生一种强大的向心力和凝聚力，发挥出巨大的整体效应。

（3）公司价值是无声的号令、无形的管制。

人们都生活在某一信念之中，接受价值指令而不能脱离价值规范。如果有人强行与自己的价值群体悖道而行，那就会成为“价值异类”而被公司所抛弃。

诸如世界500强这些目光远大的公司几乎都像维护宗教信仰一样维护自己的核心价值观——为之打造坚实的基础，不因时光变迁而改变，有些公司的核心价值观甚至已经传承了100多年。这些公司在严格维护自己的核心价值观的同时，还表现出一种推动进步的强大动力，这种动力使它们能够适应不断变化的时代。

（4）认同公司价值观是创造卓越业绩的前提。

只有把自己和公司的价值观融为一体，从公司的角度来考虑问题的员工，才能创造出卓越的业绩。因此，培养自己对公司价值观的认同感是相当重要和必要的。一名优秀的员工应从以下几方面保持和公司的价值观的一致。

①增强对公司的认同感。

心理学研究认为，人对自己所认同的东西会产生极大的热情。管理学则进一步强调，人只有在为自己所认同的目标工作时，才能全身心地投入其间，并充分发挥其创造力。

②增强对公司的信任感。

在社会化大生产的今天，没有一个人能够孤立的生存，他必须依托一定的组织，归属于一定的集体，唯有如此才能满足其精神、物质、心理和社会的需求。而对组织团体的选择，取决于人们对它的信任度。公司是员工的工作场所，这就为它成为员工所依托的归属的组织提供了可能。

③培养自己对公司的自豪感。

每个人都希望自己有值得自豪的地方，并以此为荣。当一个人乐于在他人面前眉飞色舞地介绍自己的公司如何不同凡响时，可以说员工的价值观已经和公司的价值观密切地融为一体了。这种“值得骄傲”的公司形象，一方面可以有力地促进员工在公司中的工作热情，另一方面能够使员工成为公司正面宣传的重要媒介，同时可以证明员工作为“人”的价值。

总之，只有当一个员工和公司的价值观保持一致并完全融为一体的时候，员工的潜能才会发挥到最大值，才能创造出奇迹。

第八章

责任与忠诚成就卓越人生

1

认同就职公司

“道不同，不相与为谋。”只有双方有着一个共同的目标，相互认同，才能实现良好的合作。从某种意义上讲，员工和就职的公司之间就是一种合作的关系，只有双方都认同了一个相同的目标，才能达到“有劲一处使”的境界，从而使公司和员工都从中受益。

凡事只有认同了才能够接受，只有接受了才会产生热情，只有热爱一件事才能够全心全意地去做好它，并为此不惜代价。工作也一样，员工要在公司生存下去，发展下去，首先要认同就职公司，只有认同了自己的公司，才能更好地接受并热爱它，才能为工作甘心奉献，才能让自己感觉到付出的一切都是有价值的，即使再苦再累也不会抱怨和后悔，只有这样才能取得成功。员工要认同自己就职的公司，这是员工做好工作的必要前提。

“凡百事之成也，必在敬之；其败也，必在慢之。”几千年前，人们就知道热爱的重要性，凡事只有热爱才能接受，热爱是接受的第一步。对于工作中的员工来说，热爱公司是接受与认同公司的前提，也是为公司付出的前提，更是实现自我价值的前提。我们在公司里工作，只有通过公司这个平台才能更好地发挥自己，假如没有了这个平台，员工就失去了用武之地，即使你才高八斗、学富五车，也不能施展。所以，有公司才有员工生存和发展的舞台。我们要好好热爱这个提供给我们每个人施展才华的平台，热爱自己就职的公司，为自己的发展提供空间，为自己的成功创造机会。

要认同一个公司，首先就要对公司有所了解，了解公司的文化，并能够理解、接受和热爱它。公司文化是一个公司的精髓所在，它昭示了公司的发展方向和奋斗精神。

如果倒退十几年，恐怕没有多少人听说过“公司文化”这个词，而随着市场经济的不断发展，“公司文化”这个词在我们的工作和生活中已经司空见惯了。那究竟什么才是公司文化呢？有一位管理大师给过这样的定义：“公司文化是在一个公司的核心价值体系基础上形成的，它有对内和对外两个方面，对内表现为公司精神，对外表现为公司形象。公司文化可以让公司更加具有凝聚力、激励力、约束力和导向力。公司文化是一个公司在长期经营积累中所凝聚、积淀起来的一种文化氛围、一种精神力量和公司的经营境界。”

不同的公司有着不同的公司文化，这和公司的发展方向、公司的价值观念、公司的发展环境、公司的历史背景和公司的地理环境都有着一定的关系。作为公司的一分子，我们必须要让自己彻底地融入到公司文化中去。“一滴水只有放进大海里才永远不会干涸，一个人只有当他把自己和集体事业融合在一起的时候才能最有力量。”无论是老员工还是工作不久的职场新人，只有认识到公司文化的重要性，并且让自己充分地融入其中，才会领悟公司的精神和工作要领，才能把工作做好，才能尽快地实现自身的价值。

香港科利捷国际石油公司是一家国际石油贸易和专业制造高性能石油化工的跨国公司，一直在研究和发展高品质石油化工产品，在沙特、伊朗、委内瑞拉都设有办事机构。在香港，他们的员工和公司的关系是业界有目共睹的。

一次，一个记者专门就员工与公司之间的关系问题向公司总经理骆跃峰提问："骆先生，您是怎样看待公司与员工之间的关系，公司又是怎样和员工一起推动经济发展的？"

骆跃峰答道："我们的员工之所以能够与公司同舟共济，是因为他们都是对公司有认同感的人。对于我们的员工而言，他们因为价值的认同会发挥出自身强大的潜力。一个忠实于公司价值观的员工可能比十个不认同公司价值观的员工加在一起还要有潜力，所以我们一致把这样的员工作为公司发展的核心力量。作为公司方，我们会尽量让我们的员工认同我们的公司文化，一旦公司人员大部分建立了认同感，他们会把公司和自身的利益统一起来，甚至为了公司利益牺牲自我利益。他们会不断为公司进化提供动力，为加强公司的影响力义务工作。这就是我们能够在全球范围内建立、合并和联合了十多家公司，并取得良好业绩的根本。"

对于任何一个员工来说，在一个公司里工作，无论你是否喜欢，只要还在这里工作，你就要接受它。既然必须在这里工作，就要对自己的工作负责，就要认同，只有认同了你所就职的公司，才能够认同你自己。

英特尔的人事负责人这样说："每个人对工作都有不同的要求与期望，而每个公司的实际情况又各不相同，不可能提供给每个员工所期望的条件。所以，我们在招聘员工时，首先就要说明公司的状况及公司文化。对此认同的人留下并肩作战，对此不认同的人，我们则会明确地表示：请不要来！而我们之所以这样做，是因为如果一个员工不能认同公司文化，他肯定也不能融入到公司的文化之中。这样，公司就会形成内耗。即使每个员工都很有能力，但是由于没有一个共同的方向，最终的结果只能是公司的合力变小，市场竞争力变弱。一个公司的市场竞争，准确地讲就是文化品牌的竞争。一个公司只有坚持一直走自己的路，只有始终不移地去执行所信奉的理念，才能形成公司自己强大的核心竞争力，才有可能在激烈的市场生存竞争中笑到最后。”

我们都明白这样一个道理：假如在一个你不满意的环境里工作，你的工作积极性肯定会降低，这样你的工作质量和工作成绩都将会受到相应的影响，甚至导致你工作的失败。而决定一个公司工作环境和工作氛围的，就是一个公司的公司文化。当一个人在选择公司工作的时候，实际上他选择的是一整套包括价值观念在内的公司文化理念。如果你根本就没有认同一个公司的文化和价值理念，那你怎么会在今后的工作中认真努力地完成自己的任务呢？所以，要有发展，首先就要认同你所就职的公司，这是你迈向成功的第一步。

2

提高知识技能水平，不做“近视员工”

时代在进步，知识在更新，我们若想跟上公司的发展步伐，唯一的途径就是学习。加强自身的业务水平，不断掌握行业中最新的知识、了解行业的发展方向，让自己的知识储备能满足工作岗位的需要，游刃有余地完成公司的办公需要，才能让我们在公司里占有一席之地。

公司是追逐效益的地方，老板们会不断任用一些他们认为在工作中更得心应手，能为公司创造更多效益的知识型和精通业务的人才。如果你在工作中不能做到这一点，别说有什么发展前途，很可能会在公司的每次

“大清洗”中，被当成“灰尘”清洗掉。

这就要求我们必须通过在工作中不断地学习，完善自身的知识结构，提高业务水平，提高工作效率，才可以避免因知识落后和本职业务的生疏而被替代的命运。所以不论在职业生涯的哪个阶段，学习的脚步都不能稍有停歇，要把工作视为学习的殿堂。

洛克菲勒在一次用人决策中撇开罗伯茨，任命芬顿为业务部长。这最后决定的依据，从洛克菲勒来看，不是根据他们两个人完全相同的经历和素质，而是根据“不断地学习”、“能与公司同时成长”的积极性和热情上的差异来选拔的。

汽车大王亨利·福特曾说过：“一个人若是停止学习便会老化，不管他是2岁还是80岁，不断学习令人保持年轻。人生中最重要的事情是让头脑保持年轻。”

不学习就会缺乏知识，缺乏知识就意味着缺少竞争的真正资本。凡是从普通走向卓越的人，都注重培养自己求知求学的能力，靠不断地学习来战胜工作中的难点，靠不断地学习让自己发光，让老板的眼睛看到你时发亮。

小郑，瘦小的身材，身着一套极普通的便装，脚上穿的是一双已难分辨出是什么牌子的旅游鞋，肩上背着一个大行囊，手里还提着一个印着公司名称的大纸袋。如果不注意她总是肩背手提的负重样子，单从她随意梳着的一条“马尾辫”和那张带着两个酒窝而稚气的脸来判断，你可能会认为她是一个上高中的女孩。

如果这么想就错了。也许你不相信，这个貌不惊人、谦和的女孩，竟然是一家较有名气的外资公司总经理的助理。更让人不能相信的是，这个只有高中文化水平的女孩，竟能在两位不同国籍老板——一位英国籍老板，一位法国籍老板的手下做助理。她不仅让这两位老板承认了她的价值，而且有时还让他们听取她的“独到见解”行事呢！

一年前她踏进目前就职的这家公司的时候，尽管好朋友们极力地劝告她，在外企就职对于她这样一个只有高中文化水平的女孩子会是很艰难的事情，而且还要面对两位不同国籍、有着不同文化背景的外国老板，她一定会吃不消，还不如尽早辞职，去找一份适合她学历的工作为好。

然而她却凭着自己的学习能力弥补了这些不足。的确，在她刚进公司的那段日子很难熬，两位老板只把她当成一个干杂事的小孩子，不停地派一些杂七杂八的事情让她做，同事们也把她当成了一个小孩子随便地支配、使唤。小郑委屈得曾不知流了多少泪水，但她忍耐着，通过不断地学习来寻找着让别人重新认识自己的机会。

除了把工作做得周到细致外，她还把自己所能见到的各种文件全部搬到自己的工作台上，只要有空就认真地翻阅琢磨来学习公司的业务。对于外文文件的文字障碍，就利用业余时间学习外文知识并且不厌其烦地去翻看她那两本无声老师——英文字典、法文字典。时间久了，她对公司的业务可以说是了如指掌，为自己进入通畅的良性工作循环打下了坚实的基础。

外语水平与日俱进，这种速度令她自己都吃惊不小，业务方面的外文文件看起来盲区也少多了。两位老板对她也刮目相看，不久就让她做了助理。

作为一个大公司的职员，没有足够的知识武装头脑，失去生存机遇的可能性就是百分之百。所以她在升为助理之后依然给自己制订了严格的学习计划——参加辅导班、学习外语、计算机。在她的时间表里，休息日的概念早已模糊。身为经理助理的她，由于要为老板安排工作行程，常常要加班，她常说，等我有了钱会给自己一个安稳的、理想的学习环境。

在你充分了解公司一切业务的基础上，不断地自我充实、终生学习，就能不断地进步。而唯有不断地学习，你才能够成为一名工作中的专业人士，成为老板眼中最具价值的员工。而小郑无疑就是这种人，她之所以能在公司里平步青云不仅靠的是运气，更重要的是她能通过不断的学习，弥补自己知识方面的不足，让老板看到了她的办公效率，从而对她委以重任。

随着竞争的加剧，对知识的要求也越来越高，知识的折旧速度也越来越快。就业竞争的加剧是知识折旧的重要原因，据统计：25周岁以下的从业人员，职业更新周期是人均1年零4个月。当10个人只有1个人拥有电脑初级证书时，他的优势是明显的，而当10个人中已有9个人拥有同一种证书时，那么原来的优势便不复存在。未来社会只有两种人：一种是忙得要死的人，另外一种是找不到工作的人。只有不断学习才是最佳的工作保障，才是工作中追逐最大效率的保证。

3

轻视公司就是轻视你自己

公司就像一条大船，它承载起了你许许多多的梦想和希望。你就像是上面的一位乘客，只要身在公司这条船上，船就是你的依托，你不要轻视它，伤害它。轻视公司，也就是小看自己。

身为公司的一员，难免有时候会受到不公平的待遇，这种情况是在所难免的。你可以通过正当的途径向公司反映，请求公司做出补偿。但是，有些人往往会采取消极对抗的态度，通过发牢骚来表达对公司的不满，以期引起老板的注意。这虽是一种正常的心理自卫行为，但却是许多老板心中的痛。大多数老板认为，牢骚和抱怨不仅惹是生非，而且造成组织内彼此猜疑，影响团队士气，降低团队的工作效率。

因此，当你满腹牢骚时，不妨看一看老板定律：第一条，老板永远是对的；第二条，当老板不对时，请参照第一条。

有这样一位员工，他受过良好的教育，在工作中也很努力，但是在公司干了整整5年却得不到提升。他缺乏独立做事的勇气，也不愿自我反省，养成了一种嘲弄、吹毛求疵、抱怨和批评的恶习。他根本无法独立自发地做任何事，只有在被迫和监督的情况下才能工作。在他眼中，老板教导员工勤奋，只是在加重对员工的剥削，忠诚是老板迷惑员工的遮羞布，他把公司倡导的敬业精神看作是一种过时的口号。他在意识上、心理上与公司格格不入，使他无法真正从那里受益。

轻视公司，就轻视了你自己，那样只会把你引入浮躁和短视的窘境。如果你无法不中伤、非难和轻视你的老板和公司，就放弃这个职位，从旁观者的角度审视自己的心灵。或许明智的人会对你劝告，放下不满与轻视，轻装上阵，只有不断努力进取，才会有收获。只要继续在公司工作下去，就应该衷心地对公司老板忠诚，并引以为自豪。

无论任何人做什么事，都有可能会受到批评、中伤和误解。从某种意义上说，批评是对那些伟大杰出人物的一种考验。杰出无须证明，证明自己杰出的最有力证据就是能够容忍谩骂而不去报复他人。美国著名总统林肯就做得非常出色，他让所有轻视他的人慢慢地意识到，自己种下分歧的种子，必会自食其果。

鲁某在一家公司工作了大概五年的时间，由当初刚走出校门、身无分文的穷小子变成了今天的部门经理。近一段时间，公司由于种种原因，陷入了困境。公司只能发给普通员工80％的薪水，部门经理以上级别的发给50％的薪水。鲁某看到这种情况，心里很气恼，逢人就抱怨自己的公司，说公司经理如何不懂经营、如何抠门等。他的一个朋友听了他的抱怨后，和气地对他说："你的抱怨是没用的，你也不要看不起你的公司，毕竟是这家公司栽培了你。如果你真觉得你的老板是个抠门的人，你完全可以和他沟通，明确指出他的缺点。"

那些只顾说人长短、毁谤他人的人，是没有机会成功的。人的时间、精力和金钱都是有限的，你必须谨慎地选择开销的方式。如果你决定以贬抑别人来提高自己，你会发现自己将大部分时间和精力浪费在是非上，自己可用的就会所剩无几。如果你爱散布恶意伤人的内幕，就会丧失他人对你的信任。有句话说得好："向我们议论别人是非的，也必定会向他人议论我们的是非！"

因此，无论你所从事的是何种职业，也不管你所在的公司处在一种什么状况，只要你还热爱这份工作，就千万不要轻视你的公司，轻视你的老板。

4

以老板的心态对待公司，把公司当成自己的家

任何一位老板，没有一个不希望自己的员工把公司当做自己的家，把公司当做自己的事业，把自己融入到公司中，勤勤恳恳地与公司共同发展。因此，你要积极响应老板的要求，以公司为家，努力工作。

除了极少数的人能直接创建自己的事业，大多数人都必须走一条相同的路，依托公司奠基自己的事业生涯。只要你处于公司中，是公司的一员，就应当以公司为家，和公司肝胆相照，荣辱与共。要抛开任何借口，投入自己的忠诚与责任。将身心彻底融入公司，尽职尽责，处处为公司着想，理解公司面临的压力，对老板的创业精神予以敬佩，以公司主人的态度去应对一切。

把公司当做自己的家，不应仅仅把目光放在今天，还要放眼公司的明天。一位成功学家曾说过一个人应该永远同时从事两件工作：一件是目前所从事的工作；另一件则是今后要做的工作。

为了公司的长远发展，你不要沉醉于一时的成就，而是要赶快想一想未来，想一想现在所做的事有没有改进的余地，这些都能使你在未来取得

更长足的进步。尽管有些问题不属于你考虑的范围，你也没有最终的决策权，但是你可以向老板提出自己的合理化建议。这说明你尽了一位公司主人的责任，对公司充满了爱心，你也会得到老板的信任。

一个员工总是为了避免出错而保持沉默最令老板感到不满。凡事都点头称是，没有自己的主张、见解和建议的人，在老板的心目中，永远是个不能独当一面的应声虫。

因此，有时适时地提出一些大胆的建议，可以让你的价值在老板心目中提高。例如，你可以提出如何开源的办法，并指出如何与节流相结合才能更有效。没有什么比为公司的发展而提出合理化建议更令老板高兴的事了。

如果你的老板某种处理事务的方式效率不高，而他本人并未觉察或不知如何改进的时候，如果你有好的主意，就应该果断地提出来，但要采取让老板能够接受的方式。

提出合理化的建议，更出色的一点，就是让你的思维走在老板的前面。很多时候，你的高效率会使老板对你刮目相看敬重有加。当然，这就需要在对老板已有足够了解的基础上，根据公司的实际情况作出合理的预计。

把公司看做是可以托付自己的地方，为自己搭建施展才华的平台，你就要献出自己的爱心和努力，比老板更积极主动地工作。然而，很多人却认识不到这一点。他们片面地认为公司是老板的，我只是替别人工作。工作得再多，再出色，得好处的还是老板，于我何益。存有这种想法的人很容易成为“按钮”式的员工，天天按部就班地工作，缺乏活力，根本没什么责任心。这种想法和做法无异于在浪费自己的生命和自毁前程。

如果你是老板，你对自己今天所做的工作完全满意吗？别人对你的看法也许并不重要，真正重要的是你对自己的看法。回顾一天的工作，扪心自问一下：“我是否付出了全部精力和智慧？”

不要以为老板做的事很少，总是不紧不慢，悠然自得的样子。其实，他们的头脑中无时无刻不在思考着公司行动的方向和进度，一天操劳十几个小时的情况并不少见。因此，不要吝惜自己的私人时间，要敢于为公司工作更多的时间，一到下班时间就率先冲出去的员工是不会被老板喜欢的，即使你的付出得不到什么回报，也不要斤斤计较。除了自己分内的工作之外，尽量找机会为公司作出更大的贡献。

你要时时给自己敲响警钟，告诫自己不要满足于当前的成就，不要因为自己为公司做出些许贡献而止步不前。如果，你要想让公司这个家永远繁荣昌盛，就应该时时警告自己不要躺在安逸床上睡懒觉，让自己每天都处在别人无法企及的激情状况下努力工作。除了公司会因你而青春不衰，相信也会有更多的机会垂青于你。有一条永远值得人们铭记的道理：把自己看作公司的主人，你才有机会走向成功。

5
追随老板的目标

时刻和老板保持一致，将个人的目标置于老板的目标之中，把老板的目标当成自己的目标，并帮助老板解决工作中遇到的难题，这样的员工无论在哪里都会得到老板的偏爱，成为令人羡慕的成功人士。

作为员工应该清楚，个人的成功是建立在团队成功的基础上的，没有公司的快速增长和高额利润，你不可能得到所期望的回报。每个人必须认识到只有公司成功了，老板的目标达到了，员工的目标才能得以实现，因此，要想在工作中赢得老板的青睐，很快得到提升，最为有效的做法，就是努力追随老板的目标。

从某种意义上说，老板的目标与个人的目标是相辅相成、缺一不可的。

正因如此，现在许

多公司在招聘员工时，个人品行成了最主要的评估标准之一。因为，如果一个人真诚负责地为老板工作，时刻站在老板的立场上，为老板着想、为公司着想、为老板的目标努力，那么，这个公司一定会有所发展，老板也必然会重用你的。

对于老板而言，公司的发展需要的是员工的努力；对于员工来说，需要的是职位的升迁和丰厚的报酬，这两者是统一的。老板需要忠诚和有能力的员工，业务才能进行，目标才能达到；员工必须依赖一个平台才能发挥自己的聪明才智。

作为一名员工，你应该认识到员工与老板之间统一的一面。为老板的目标去努力，常常也是在为自己的目标而努力。有了这样的心态，消除了对老板的敌意，工作起来就会更努力。这样，你必然能够促进自身的发展。

因此，每位员工在工作中的使命就是帮助你的老板实现他的现实目标。但是，这些目标究竟是什么呢？这就需要我们来挖掘了。

汤姆是一家木材公司的销售代表，对自己的销售纪录引以为豪。曾有几次，他向他的老板大卫解释说，他如何努力工作，劝说一位家具制造商向公司订货。可是，大卫只是点点头，淡淡地表示赞同。

最后，汤姆鼓起勇气，“我们的业务是销售木材，不是吗？”他问道，“难道您不喜欢我的客户？”

大卫直视着他，回答道：“汤姆，你把精力放在一个小小的家具商身上，可他耗费了我们太多的精力。请把注意力盯在一次可订大宗货物的大客户身上！”

汤姆听完之后，把手中较小的客户交给一位经纪人。虽然他只收到少量的佣金，但更重要的是：他正在努力实现他的目标——找到大的客户。

老板与员工的关系就是“一荣俱荣”，只有认识到这一点，只有紧追老板的目标，才会获得成功。

凯特是一位负责家用电器连锁店的主管，她和她的老板都认为如果扩大连锁店的经营规模，生意便可扩大一些。但老板还是有些犹疑不定，因为老板还难以确定经营管理的前景，即规模扩大能否带来适当的回报。在一次地区销售会上，凯特兴奋地说："工作开展得不错，连锁店生意兴旺。多数经理也常常抱怨不能把所有商品和用户塞进这么狭小的空间，而在上个月我们几乎把冰箱直接从运货车上卖掉。假如我们有更大的地方，那么销售额一定会增长，我们是在现有的条件下全力以赴进行工作的。"

几周之后，老板为她所在的连锁店增加了两间侧厅。结果可想而知，老板对凯特的杰出业绩给予了高度评价，她的月薪也增加了3000元。

当然，在时刻追随老板目标的同时，我们还应该帮助老板解决工作中遇到的难题。

华勒是一位商贸公司总经理助理，他接到一项紧急的任务，根据老板的记录准备做一份财务报表。然而，他在总结记录时，发现老板统计的数据有明显的错误。于是便通知了老板，告诉他已经将财务报表上的数据纠正了过来。

老板十分感谢华勒发觉他的疏忽，对他的好感大增，不久，华勒便发现自己的薪水有所增加。

老板并非是全才，在工作中也会遇到许多难题，存在一些问题。这些难题、问题也许不是你的分内工作，但是它们却阻碍着整个公司的前进，如果员工能够帮助老板解决工作中遇到的难题，毫无疑问，你在提升自我的道路上会进展得更快。

6

怀着一颗感恩的心去工作

一个人的成长，要感谢父母养育，感谢师长的栽培，感谢朋友的帮助。感恩不但是美德，而且也是一个人之所以为人的基本条件。不要忘了感谢周围的人，你的老板和同事，感谢给你提供机会的公司。你是否曾想过，写一张字条给老板，告诉他你是多么热爱自己的工作，多么感谢在工作中获得的机会。

为什么我们能够轻而易举地原谅一个陌生人的过失，却对自己的老板和同事耿耿于怀呢？为什么我们常常因为一个陌生人的点滴帮助而感激不尽，却无视朝夕相处的老板和同事的种种关怀和支持，反而将一切视之为理所当然呢？我们时常牢骚满腹、抱怨不止，也就更谈不上尽忠职守了。

许多成功人士在谈到自己的成功经历时，往往强调个人的努力。事实上，每个成功的人，都获得过别人的许多帮助。一旦你订出成功目标并且付诸行动之后，你就会发现自己获得了许多意料之外的支持。你应该时刻感谢这些帮助你的人，感谢上天的眷顾。

感恩的心态有助于人际关系的建立，增进感情的积累，而不知道感恩的人往往难以赢得别人的尊重、好感和支持。因此，不要忘了感谢你周围的人——你的老板和同事，让他们知道你感激他们的信任和帮助。感恩也是会传染的，你的同事和老板也同样会以具体的方式来表达他们的谢意，那样，公司的凝聚力就会在无形之中增强。

推销员遭到拒绝时，应该感谢顾客耐心听完自己的解说。这样才有下一次惠顾的机会。老板批评你时，应该感谢他给予的种种教诲。感恩不花一分钱，却是一项重大的投资，对于未来有极大的好处。

真正的感恩应该是真诚的、发自内心的感激。与溜须拍马不同，感恩是自然的情感流露，是不求回报的。一些人从内心深处感激自己的老板，但是由于惧怕流言蜚语，而将感激之情隐藏在心中，甚至刻意地疏离老板，以表自己的清白。这种想法是何等幼稚啊！如果我们能从内心深处意识到，正是因为老板费尽心思地工作，公司才有今天的发展；正是因为老板的谆谆教诲，我们才有所进步，才会心中坦荡，又何必去担心他人的流言蜚语呢?

感恩并不仅仅有利于公司和老板。对于个人来说，感恩是一种深刻的感受，能够增强个人的魅力，开启神奇的力量之门。感恩，是一种习惯和态度。

感恩和慈悲是近亲。时常怀有感恩的心情，你会变得更谦和、可敬且高尚。每天都用几分钟时间，为自己能有幸成为公司的一员而感恩，为自己能遇到这样一位老板而感恩。

当你以一种感恩的心情去工作时，你会工作得更愉快，你会工作得更出色。

一位成功的职业人士曾说：“是一种感恩的心情改变了我的人生，当我清楚地意识到我无任何权利要求别人时，我对周围的点滴关怀都怀抱强烈的感恩之情。我竭力要回报他们，我竭力要让他们快乐。结果，我不仅工作得更加愉快，获得的帮助也更多，工作更出色，我很快获得了公司加薪升职的机会。”

正因如此，我们应该经常把“谢谢你”“我很感激你”这些话挂在嘴边，以特别的方式表达你的感谢之情，为公司为老板付出你的时间和精力，更加勤奋地工作。

当你准备辞职调换一份工作时，同样也要心怀感激之情。每一份工作、每一个老板都不是尽善尽美的。在辞职前仔细想一想，自己曾经从事过的每一份工作，多少都存在着一些宝贵的经验与资源。失败的沮丧、成长的喜悦、严厉的老板、温馨的工作伙伴、值得感谢的客户……这些都是人生中值得珍藏的。如果你每天能带着一颗感恩的心去工作，相信工作时的心情自然是愉快而积极的。

拥有一份工作，就要懂得感恩。

每个人的要求不同，每一份工作或每一个工作环境都无法尽善尽美，无法符合每个人的要求，但是每一份工作中都蕴藏着许多宝贵的资源，无论是失败的教训还是成功的经验，都是工作成功必须感受和借鉴的。如果每一个人都怀抱着一份感恩的心情去工作，并且在工作中始终牢记“拥有一份工作，就要懂得感恩”的道理，那么一定会收获很多。

一位成功人士在谈到她破例被派往国外公司考察时说：“我和他虽然是同样的经历，但我们的待遇并不相同，他职高一级，薪金高出许多。但是，我没有因为待遇不如人就心生不满，仍是认真做事。当许多人抱着多做多错、少做少错、不做不错的心态时，我尽心尽力做好我手中的每一项工作。我甚至会积极主动地找事做，了解主管有什么需要协助的地方，事先帮主管做好准备。因为我在上班时，总是想起老师告诫我的三句话：‘遇到一位好老板，要忠心为他工作；如果你的第一份工作就有很好的薪水，那你的运气很好，要感恩惜福；万一薪水不理想，就要懂得跟在老板身边学功夫。’我将老师告诉我的这几句话深深牢记在心中，自己始终坚持这个原则做事。虽然当初我位居别人之下，但我付出的努力公司的老板是看在眼里的。因此在后来挑选出国考察人员时我被选中。”

因此，在职场中无论做什么事情，都要把自己的心态调整好，对待一切事情都抱着学习的态度，将每一次都视为一个新的开始，看重每一次新的经验。不要太过于计较一时待遇的得失，只要拥有健康的心态，不论做任何事都能心甘情愿，全力以赴，当机会来临时才能及时把握住。

感恩的心情基于一种深刻的认识：公司为你展示了一个广阔的发展空间，为你提供了施展才华的场所，你对公司为你所付出的一切，都要心存感激，并力图回报。

回报公司对你的这些“厚爱”，只需要你做到一点：“忠诚。”

你要热爱公司赋予你的工作，全心全意、不留余力地为公司增加效益，完成公司分派给你的任务。同时注重提高工作效率，多替公司的发展规划构思设想。

你必须一切从公司大局出发，当你遭遇到不公平待遇时，请相信这只是公司管理层的暂时失误，或者是公司对你的检测和考验。当公司的某些制度和员工基本利益发生冲突时，你一定要正确理解这一切，充分相信公司的“智能”和“眼光”。甚至在公司面临暂时的经济困难时，你也要想办法帮助公司渡过难关。感恩不仅对公司老板有益，对其他人也同样有益。通过感恩，你会发现，感恩是内心情感的自然流露，它使你变得更积极，更有活力。

当你满怀感激，忠心地为公司、为老板工作时，老板一定会为你设计更辉煌的前景。

7
让自己成为不可替代的人

金融界的杰出人物罗塞尔·塞奇说：“年轻人起步的最好方法是：第一，谋求一个职位；第二，珍惜第一份工作；第三，养成忠诚敬业的习惯；第四，认真仔细观察和学习；第五，培养成有礼貌、有修养的人；第六，成为不可替代的人。”

许多刚刚走出校园的大学生、硕士生和博士生对自己抱有很高的期望值，认为自己受过多年教育，进行了多年的人力资本投资，以自己的知识和才能，只要开始工作就应该得到重用，就应该得到相当丰厚的报酬。他们把工资的多少当成衡量一切的标准。但他们是否曾经换个角度思考过，如果自己拍桌子走人是否会对公司正常运转产生任何影响，自己是不是真的是不可替代的。

虽然从更高的层面看，正如我们前面大部分论述的那样，老板和员工的利益应该是统一的。但这种统一实际上是建立在老板和员工之间的不断博弈的基础上的。老板与员工仍然要从各自的愿望出发，做出利己的行为。老板追求所有人都是可以替代的，员工都追求自己是不可替代的，公司和员工在博弈，互相比赛成长的速度，这样的博弈使公司和员工都得到了成长，将最终使双方受益。

对老板而言，每个老板都希望尽可能减少自己的风险——财务风险、市场风险和用人风险。其中最大的风险是用人风险，这也是很多老板喜欢用“听话人”的原因。每个老板都在自觉或不自觉地想：“我是公司的老板，我的命运要掌握在自己手上，而不能掌握在某个或某几个员工手上。因此我要让公司中的每个人都是可以替代的，我要把握自己的命运。”

对于员工来说，理性的员工会这样想：“我是为我自己活着，只有我自己最在乎自己，我要把命运掌握在自己手上，而不是寄希望于公司能施舍给我什么。世上没有救世主，全靠我们自己救自己。所以我在公司工作，就要贡献全部能力，争取到最大利益。怎样做到这一点呢？我要做到公司不能没有我，我要成为不可替代的。”

那么，怎样才能做到不可替代呢？

在本业务领域，如果你能找出更有效率、更经济的办事方法，在个人职业精神方面，你是敬业的、勤奋的、忠诚的和自动自发的，那么你就能够提升在老板心目中的地位。老板会邀请你参加公司的决策会议，你将被调到更高的职位，因为你已经变成一位不可替代的重要人物了。

如果你是不可替代的，你拥有的将不仅是与老板博弈的砝码，同时还拥有了同事的敬重，顾客的欣赏，你将备受欢迎。

一位成功学家聘用了一名年轻女孩当助手来替他拆阅、分类信件，薪水与其他相关工作的人员相同。有一天，这位成功学家口述了一句格言，要求她用打字机记录下来：“请记住：你唯一的限制就是你自己脑海中所设立的那个限制。”

她将打好的文件交给老板，并且有所感悟地说：“你的格言令我大受启发，对我的人生很有价值。”

这件事并未引起成功学家的注意，但是在女孩心目中却留下了深刻的印象。从那天起她开始在每天晚饭后回到办公室继续工作，不计报酬地干一些并非自己分内的工作——譬如替代老板给读者回信。

她认真研究成功学家的语言风格，以至于这些回信和自己老板的一样好，有时甚至更好。她一直坚持这样做，并不在意老板是否注意到自己的努力。终于有一天，成功学家的秘书因故辞职，在挑选合适人选时，老板自然而然地想到了这个女孩。

在没有得到这个职位之前已经身在其位，这正是女孩获得这个职位最重要的原因。当下班铃声响起之后，她依然坐在自己的岗位上，在没有任何报酬承诺的情况下，依然刻苦学习，最终使自己有资格接受这个职位。

故事并没有结束。这位年轻的女孩能力如此优秀，引起了更多人的关注，其他公司纷纷提供更好的职位邀请她加盟。为了挽留她，成功学家多次提高她的薪水，与她最初当一名普通的速记员时相比已经高出了四倍。对此，做老板的也无可奈何，因为她已经变得不可替代了。

在当今尊重知识、尊重人才的时代里，这样的例子非常多见。只是并没有太多的人认识到：在老板极力挽留的背后，是“不可替代”在起作用。

8
做工作的主人

没踏入职场前，看着那些衣着整齐、神采奕奕、快乐工作的公司白领，你是不是非常羡慕？是不是甚至渴望赶快走出校园踏进职场，成为他们中的一员？

可是，当你真的踏入职场后，你可能会渐渐感到失望，因为你发现工作是件很忙很累的事。每天准时赶到公司，一头扎进那些没完没了的工作中，碰上任务紧急的时候还要加班，而你可能已经事先约了朋友一起吃饭，或者约定去拜访一位专家，而现在只好向人家道歉，取消约定。有时你也会很烦，甚至会莫名其妙地冲着同事大声嚷嚷，但你依然重复着每天的日子，因为你不工作就没有面包吃，你不加班就做不出成绩，就有可能被炒鱿鱼。

唉！在你发出一声叹息的时候，你已经麻木了，已经变成了工作的奴隶。

更可怕的是，你不自觉地把休闲时间都利用到工作上去了。别人心无牵挂地去休闲，去放松自己，你却憋在家里加班工作，即使你也加入休闲的队伍，脑子里却还在考虑着工作。

心理专家研究发现这种现象在白领上班族中更加普遍，他们可以说是社会上最忙碌的一群人，但也是休闲生活中最贫乏的一群人。对他们来说，凡是追求成就感，实现人生梦想等，几乎都是希望通过工作来完成，休闲只不过是龙套的角色罢了，唯有工作才是值得投入全部心力的重头戏。

林强就是一个典型的工作狂。他的大脑里几乎没有休闲的概念，天天忙碌于工作之中。几年下来，原来的快乐青年快变成一个忧郁的小老头儿了。国庆节长假的时候，他的好朋友于刚生拉硬拽地把他从家里拉出来一起出去游玩，他却不忘记提着笔记本电脑。于刚是他大学时的同学，现在是一家公司的部门主管，就好奇地问他提着笔记本电脑干什么，他说有个企划还没有做完。气得于刚夺下他的笔记本电脑，将他架到车里去了。

即使这样，在游玩的过程中，林强也是一副心不在焉的样子，经常怔怔地考虑工作的事。于刚就给他讲了一段林语堂谈工作与生活的话。

林语堂是这样说的："地球上只有人拼命工作，其他的动物都是在生活。动物只有在肚子饿了才出外找食物，吃饱就休息，人吃饱了之后又埋头工作。动物囤积东西是为了过冬，人囤积东西则是为了自己的贪婪，这是违反自然的现象。"

林强听完后笑着说："可我总觉得没有时间休闲啊！"

于刚说："每周的双休日，你还有一些法定的假期，时间很多。"

"那我的那些工作……"

"我的工作比你少吗？"

林强不由得愣住了。是啊，于刚现在是部门主管，自己还是一个普通职员，他怎么就能从工作中脱离出来，经常参加休闲活动呢？

于刚意味深长地说："你之所以变成一个工作狂，是因为你把休闲看得无关紧要，甚至认为会影响工作，但是你错了！"

诚然，很多人彻头彻尾地成为工作的奴隶是因为他们认为休闲不会给工作带来什么益处。他们宁可花时间坐在那里自怨自艾，也不愿意站起来实际行动。实际上，适当的休闲会对一个人的工作有良好的促进作用。心理学家发现，成功的人懂得将工作与休闲时间适当分配，他们知道何时该轻松。

（1）休闲会让你彻底放松，保持快乐的心情。

休闲往往有一个前提，那就是连续的工作使你劳累了，甚至对工作感到厌烦，急于从工作中脱离出来，你需要通过彻底放松自己，调整自己的心态，保持快乐的心情。

适当的休闲是你实现这一愿望的最佳方式。离开囚笼一样的办公室，投身到新鲜的环境中去，接触到不同的人，观赏到奇异的物，经历各种各样的事，使你在工作时紧绷的神经得到彻底放松，疲倦的身体得到良好恢复，那些困扰你的不愉快的情绪会随那轻柔的风、随那潺潺流水、随你那开心的大笑而远去。当你再出现在办公室里时，你会显得轻松愉快，精力充沛，即使多么复杂棘手的工作摆在你面前，你也会从容面对，游刃有余地去处理。

当然，无论你参加什么休闲活动，你都不要在休闲时间思考工作上的事，这样做可能会破坏你快要轻松起来的心情，让你的休闲只变成体力上的损耗，一点益处也收获不到。还有，一定要选择适合自己的休闲活动，进行适当的休闲，不要把自己搞得疲惫不堪，好事变坏事。

（2）利用休闲开发自己的潜力。

专家认为，休闲并不是指要我们一窝蜂地去和别人凑热闹，或者在圣诞夜花二倍的钱去吃一顿圣诞大餐，而是应该回过头来，从自己的喜好和需要出发。

所以，利用休闲时间，去做一些喜欢和需要的事，从而开发自己的潜力，提高自己的素质，才是一种非常好的休闲方式。比如说重新回到学校进修，搞一些小发明，等等。

前任哈佛大学校长约翰·柯曼博士就是一个非常懂得利用休闲时间开发潜力的人。有一次，他利用假期到费城当收集垃圾的清洁工；后来，他又在另一次假期中，加入到纽约街头流浪汉的行列；他退休前的最后一次假期，是到旅馆当餐厅厨师的助手，后来，他索性买下一个餐馆来经营。

（3）多参加积极性的休闲活动。

休闲的方式可谓五花八门、多种多样，而这其中存在许多消极性的休闲。比如说看电视，许多心理专家对这种休闲方式并不表示赞同，认为看电视是取代社交生活，而不是进入社交生活，是最耗时的消遣，是一种有害的瘾头。据估计，现代人花在看电视上的时间，比起从事其他积极性的休闲活动，至少高出十倍以上。

除了看电视之外，有不少人利用花钱购物、吃零食、到处闲逛等方法打发时间。而这些都是消极性的休闲。专家研究发现，有90%的人都是选择被动消极的事物作为休闲活动。

哪些是积极性的休闲活动呢？专家认为，积极性的休闲活动应该让人在其中获得满足和成就感，比如阅读、运动、跳舞、弹奏乐器、进修等。专家还研究发现，一个人多参加积极性的休闲活动，会提高自身素质、健全自我心理、增强自我活力，更会让人感到轻松和快乐，从容面对工作，成为工作的主人。